青弓社
100
ライブラリー

多様性との対話

ダイバーシティ推進が見えなくするもの

岩渕功一［編著］

青弓社

多様性との対話

ダイバーシティ推進が見えなくするもの

目次

第1章　多様性との対話

装画――Malpu Design［加藤京子］
装丁――Malpu Design［清水良洋］

第1章　多様性との対話

岩渕功一

1　BLMとD&Iの取り違え

コロナ禍は世界各地で格差が拡大していることをあらためて明らかにした。自分自身も含めてコロナ感染の脅威から逃れてステイホームできる人たちがいるのに対して、コロナによって職を奪われた人たち、コロナに感染する確率が高い生活を余儀なくされている人たち、脅威と向き合いながらも働かざるをえない人たちがいる。そのさなかで起きた警察官による黒人系アメリカ人の暴行死は、アメリカのＢＬＭ（Black Lives Matter）抗議運動のさらなる高まりとその世界への波及を引き起こした。日本を含めたＢＬＭ抗議運動の国境を超えた広がりは人種差別に抗うアクティビストにとどまらず、これまで以上に多くの背景をもつ人たち、コミュニティ、企業を巻き込んで展開され、アメリカだけではなく世界各地での人種差別の実態があらためて注目された。この高まりにはそれぞれの社会的文脈での複合的な要因があるだろうが、コロナ禍によって格差や差別の存在があらためて可視化され、必ずしも当事者ではない多くの人たちがその深刻さをこれまで以上に自分に関わることとして真剣に受け止めて抗議するようになったといえるだろう。

このうねりがどれくらい持続するのか、さらに発展して社会を変える原動力になるかはわからない。実際に時間がたつにつれて、日本を含めた多くの地域では、その動きは収束したようにみえる。さらには、人種差別解消に向けて取り組もうとした企業の動きも徐々に「より心地いい話題へとトーンダウン」していることが指摘されている。ロンドンの広告会社の黒人女性のグローバル人事ディレクターは、ＢＬＭはダイバーシティ＆インクルージョン（以下、Ｄ＆Ｉと略記）の観点から語られるようになり、制度的な人種差別や不平等解消への取り組みが、企業のダイバーシティの配慮と活用へとすり替えられてしまっていると警鐘を鳴らす。企業にとって「人種差別の問題はビジネスにおける最後のタブー」であり続けていて、Ｄ＆Ｉが「ＢＬＭの（あるいは人種に関するあらゆるムーブメントの）隠れ蓑」になることで、真正面から取り組むべき人種差別の問題がぼやかされ、その撤廃という課題はまたしても先送りにされてしまうというのだ。(1)

Ｄ＆Ｉが人種差別解消に向けた取り組みと切り離されているという指摘は、現在の多様性の問題を考えるうえで示唆的である。多様性の時代だといわれている。いうまでもなく、ジェンダー、Ｌ

GBT／SOGI（性的志向と性自認）、障害、エスニシティ／人種、宗教、社会経済的な背景、年齢などに関する多様性は常に存在しつづけてきたし、どのような社会も多様性に満ちている。個人の価値観が多様になり、国境を超える人の流動が活発になることで社会の多様性がより複雑化するなか、多様性／ダイバーシティを尊重して受け入れることは社会や企業・組織を豊かにすると肯定的に考えられるようになっている。しかし、多様性を形作る様々な差異は、植民地主義の歴史と近代の「国民」構築での包摂と排除・周縁化の力学のなかで、不平等・格差・差別と結び付けられてきたことはあらためて強調されるべきだろう。それに抗うべく、公民権運動、機会の平等の保障、人種差別撤廃、抑圧されてきた差異の可視化と権利擁護、アイデンティティをめぐる承認と再配分を要求する運動が高まってきた。現状は様々な差異を平等に包含する社会の実現にはいまだ程遠く、あらゆる差別、不平等、周縁化、生きづらさの問題に正面から向き合い、多様性の平等な包含に向けた取り組みを続けることが不可欠である。様々な企業、国際組織、政府・自治体、教育機関、NGO／NPOが多様性／ダイバーシティを尊重して受け入れて生かすことが組織・社会にとって重要だとしてその奨励・推進をうたうなか、はたして構造化された不平等や差別の解消に向けた取り組みはどのようになされているのだろうか。実際には特定の差異を有した人を社会や企業・組織の特定の目的のために活用することが目指されることで、多様性／ダイバーシティの奨励・推進はその取り組みと切り離されてしまってはいないだろうか。

2 「多様性／ダイバーシティ推進」が見えなくするもの

多様性／ダイバーシティの奨励・推進[2]が文化差異の管理と封じ込めと結び付いていることは、英語圏で多く論じられてきた[3]。表層的な多文化主義を批判する議論では、多様性／ダイバーシティを奨励し推進する言説は差別構造の変革に向けた実践を伴わない美辞麗句で終わる場合が少ないだけでなく、実際には差異をめぐる新たな包摂と排除の力学を作動させて、受け入れやすい差異を選別化して管理する手法と結び付いていることが指摘されてきた。多様性／ダイバーシティは食べ物やファッション、音楽、ダンスなどの社会の中心に位置するマジョリティにとって都合よく消費できる文化差異と結び付けて奨励される。そうした〈エスニック〉文化は社会を豊かにするものとして寛容されるが、その受け入れは既存の権力構造に挑戦したり、中心と周縁の不平等な関係性を変革したりすることから遮断されている[4]。

社会を豊かにするものとしての多様性の奨励は、経済的な生産性とも強く結び付けられるようにもなる。二〇〇一年の九・一一アメリカ同時多発テロ事件以降、集団的な差異の過度な受け入れは社会を分断するとして多文化主義へのバックラッシュがいっそう高まるとともに、移民やエスニックマイノリティを、社会の支配的な規範と価値を共有する役立つ個人として社会に統合させる政策が進展した。そのなかで多様性／ダイバーシティ（diversity）は差異（difference）に代わってより積極的に語られるようになる。トーマス・ハイランド・エリクセンは二十一世紀以降ヨーロッパで顕著になった多様性／ダイバーシティと差異についての語られ方を比較しながら、差異はエスニック集団と結び付けられて社会の統合や経済利益を損ねるものとして否定的に考えられるようになったのに対して、多様性／ダイバーシティが経済的に利益をもたらす個人化された価値観や能力と結び付けられて肯定的に使われるようになったと指摘する。(5) この変化は市場の自由競争によって経済の最大効率化を目指す新自由主義の浸透が推し進めてもいて、多様性／ダイバーシティ推進は経済的な生産性を向上させる人的資源の管理として促進されるようになった。高度な技能や資格を有する人材の受け入れを促進する選別的な移民政策が採用され、ビジネス界では組織や経済活動のイノベーションや創造性向上にとって職場の多様性／ダイバーシティを奨励してそれを生かすことが有益だと強調され、ダイバーシティ＆インクルージョン戦略が推し進められる。多様性／ダイバーシティは社会に「問題」を引き起こさず、経済的にも有益だと評価されるようになる一方で、エスニシティや人種化された差異をめぐる差別・不平等の問題とその取り組みは後景化されてしまいがちになる。

　多様性／ダイバーシティ推進は、企業や大学などの組織体のブランド戦略としても積極的に取り入れられている。大学での多様性／ダイバーシティ推進について考察したサラ・アーメッドは、肯定的な響きをもつ多様性／ダイバーシティが目指す理念として標榜されることで、組織での不平等や人種差別の取り組みが後退してしまうことを指摘する。(6) 不平等是正や反人種主義など挑戦的で居心地を悪くさせる理念とは異なり、組織や社会を豊かにするという多様性／ダイバーシティの肯定的な意味合いは人々をより前向きに心地よくその課題に取り組むことを促す。しかし、それと引き換えに、多様性をめぐる問題は「すべての差異を大切にする」といった心地いい「ハッピートーク」として語られがちになり、既存の差別構造に異議を申し立てたり、差別による格差と分断を問題視したりするのではなく、あたかもそうした問題はすでに解決されて、もはや存在していないような平等幻想を作り出すことに寄与する。多様性／ダイバーシティは組織の肯定的で明るいイメージを提供するが、それは組織内部の不平等の存在を隠蔽し再生産させてしまってもいるのである。(7)

このように、多様性／ダイバーシティは文化的にも経済的にも有益で、生産的で、調和的で、気分をよくする肯定的なものとして語られ、差異や多様性をめぐる不平等・差別の取り組みは脅威的で、分断的で、否定的なものとして切り離される。多様性／ダイバーシティ推進が三つのM（merit, market, management＝メリット、市場、管理経営）の観点から社会や組織を豊かにすると肯定的に語られるなかで、制度化・構造化された不平等、格差、差別の問題を後景に追いやり、その問題の解消に継続して取り組んでいく必要が見失われてしまいがちになる。冒頭で紹介したＢＬＭがＤ＆Ｉにすり替えられてしまう状況への危惧は、まさにこの陥穽を言い表したものである。

3　日本での多様性／ダイバーシティ推進

日本でも、ジェンダー、ＬＧＢＴ／ＳＯＧＩ、障害、年齢、国籍などの多様性／ダイバーシティを積極的に活用し奨励することは社会を豊かにし、企業の創造性とイノベーションを高めるとして、多様性／ダイバーシティが肯定的に語られ推進されるようになった。経済産業省は二〇一八年に「ダイバーシティ2.0行動ガイドライン」を発表して、「多様な属性の違いを活かし、個々の人材の能力を最大限引き出すことにより、付加価値を生み出し続ける企業を目指して、全社的かつ継続的に進めていく経営上の取組」(8)を促すべく、女性やグローバル人材たる優秀な外国人材の登用をさらに進めるよう提唱した。一九年のラグビーワールドカップでの日本チームの活躍の原動力は国籍やルーツの多様性／ダイバーシティにあり、それらが見事に生かされた好事例として持ち上げられたことも記憶に新しい。地方自治体でも多文化共生や人権保護への取り組みが多様性／ダイバーシティの推進として肯定的に掲げられるようになっている。

多様性／ダイバーシティ推進にどのような問題と限界があるのかは、個々の組織や企業の事例を丁寧に検討しなければならない。多様性／ダイバーシティ推進の動きは日本社会の文脈では様々な差異をもった人々の存在をこれまで以上に可視化しているし、差別・不平等に苦しむ人たちを力づけ、その解消に取り組む実践を伴っている場合もあるだろう。多様性／ダイバーシティ推進の動きが、その肯定的な響きのために、より多くの人々が差別の問題に向き合うきっかけになることもあるだろうし(9)、不平等や差別解消の取り組みの歴史と展望に注視して多様性／ダイバーシティ推進について考える試みが、多様性／ダイバーシティを掲げて企業が開催する研修会やシンポジウムでなされてもいる(10)。とはいえ、様々な差異をめぐる差別や不平等を解消する取り組みと関わらないまま多様性／ダイバーシティが肯定的なものとして奨励されがちなのは、日本も決して例外ではない。

東京オリンピック・パラリンピック競技大会組織委員会前会長の〈女性蔑視〉発言に女性をはじめ多くの市民や企業が抗議をして会長を辞任に追い込んだことは男女平等に関する意識の高まりを示したが、その根底にあるのは日本社会の現実が「女性活躍社会」や「unity in diversity／多様性と調和」のスローガンと大きく乖離していることへの憤りである。また、日本でＢＬＭ運動を支援したり参加したりした人々はそれをわがこととして受け止めて国内の差別解消やヘイトスピーチ反対を訴えていたが、その一方で、日本にはアメリカのような人種差別はない、自分とは関係ないという声も多く聞かれたし、Ｄ＆Ｉを展開する企業の反応も概して鈍かった。[11]日本の現状は人種差別解消とＤ＆Ｉの混同というよりは、それ以前の問題として、差別が日常的に存在していて、それがいかに深刻な問題であるかという認識が社会で共有されていないといえるだろう。

　政府・自治体・教育機関などの公的組織や民間企業・ＮＧＯの多様性／ダイバーシティの奨励実践をより平等で包含的な社会の構築に向けて展開するためには、見落とされている根源的な問題について批判的に検討する必要がある。まずは、多様性をこれから奨励すべきものとしてではなく、常にすでに日本社会に存在してきたものとして認識して、様々な差異をめぐる構造化・制度化された不平等や差別の歴史と現状をしっかりと理解する必要がある。そのうえで、誰のどのような差異がそこには含まれていないのか、様々な差異とそれをめぐる差別・不平等が日本社会に存在してきたことが見失われていないのかを考察して、どのような包摂と排除の力学が作動しているのかを検討することが求められるだろう。

　多様性／ダイバーシティの奨励が目指すべきものとして語られるとき、多様な出自や複合的な文化背景をもった人々が日本社会をともに構成してきたことが忘れられてはいないか。(12) 入国管理として法務省が公表する数字は日本に居住する「外国人」（外国籍保有者）に限定されていて、日本で暮らすエスニックマイノリティ、移民とその子孫、先住民など多様な出自や文化背景をもった人々を不可視にしてはいないか。(13) 有能な外国人材の活用が進められる一方で、多くの外国人労働者や技能実習生の扱いはどうなっているのか。日本社会や企業に貢献していると一部の外国籍市民、エスニックマイノリティ、〈ハーフ／ミックス〉の人たちがもてはやされるが、その人たちが日常的に直面する差別や偏見の問題は等閑にされていないのか。自治体が制定した同性パートナーシップ条例が多くのＬＧＢＴ／ＳＯＧＩに関する性的マイノリティの人たちを社会的に承認してエンパワーしていることは肯定的に評価されるべき(14) だが、その自治体がほかの多様性をめぐる不平等や人権の問題にどのように取り組んでいるのかにも目を向ける必要はないのだろうか。(15) 東京オリンピック・パラリンピック競技大会組織委員会は女性の新会長のもとで女性理事の割合を増やし、ジェンダー平等推進チームを立ち上げたが、大会ビジョンの「多様性と調和」で言及されている「肌の色、人種、性的指向、宗教」などに関する差別・不平等の是正についても積極的に発信し取り組むべきではないか。国連の人権諸機関から求められているジェンダー、ＬＧＢＴ／ＳＯＧＩ、障害、人種、エスニシティ、年齢、宗教に関する差別を禁止する包括的な反差別法の制定に着手せず、多様性をめぐる差別・不平等の問題と人権の保障に取り組む政策が発展していない日本では、すべての多様性／ダイバーシティ推進の取り組みはこの現状を注視し、ともに手を携えて変革していくことを目指して声を上げるべきではないのか。

こうした批判的検討は、多様性／ダイバーシティという言葉を使わないことや、それを奨励する取り組みをやめることを提起するものではない。批判はやみくもに否定することではないし、肯定と相いれないものでもない。多様性／ダイバーシティの奨励をより建設的に前進させるためにも、多様性の包含をめぐる問題に真摯に向き合い、様々な経験に目を向け耳を傾けて、構造化・制度化された差別・不平等の複雑な作用を理解して、それを乗り越えていく方途を考え続けること、つまり、多様性と対話していくことが必要不可欠なのである。

4　多様性との対話

本書の目的は、多様な差異を互いに認め合って平等に包含し、誰もが生きやすい社会へと日本を開いていくことに向けて、どのような視野、連帯、実践、学びが求められるのかを考察することである。本書に所収している、様々な立場と視座から日本社会での多様性をめぐる問題に取り組んでいる研究者と実践者による七つの章と四つの「論点」は、多様性の平等な包含に向けて四つの相互に関連するテーマ——多様性／ダイバーシティを奨励する動きの批判的な捉え直し、誰もが生きやすい社会の構築に向けた様々な差異をめぐる不平等・差別の相互理解と共有の促進、カテゴリーを交差して作動する多様性をめぐる差別・不平等の理解と横断的な協働と連帯の模索、多様性の問題をわがことと意識化させる学び（捨て）の実践——の検討を軸に〈多様性との対話〉を試みる。

まずは、すでに指摘してきたように、多様性／ダイバーシティの奨励という言説や動きをあらためて批判的に捉え直すことである。本章とそれに続く二つの章は、多様性／ダイバーシティの奨励から見落とされている差異をめぐる差別と不平等の問題への取り組みに目を向ける。

ＬＧＢＴ／ＳＯＧＩをめぐる多様性／ダイバーシティ奨励の動きはいわば〈ブーム〉と言われるほど近年盛んになったが、それは経済的に有用な人材活用に焦点を当てるダイバーシティ・マネジメントの観点から推し進められていたり、特定の受け入れやすいＬＧＢＴ／ＳＯＧＩの問題や対象者に焦点が当てられていたり、あるいは実質的な差別解消に向けた構造や法整備が伴っていない限界が指摘されたりしている(16)。新ヶ江章友は第２章「ダイバーシティ推進とＬＧＢＴ／ＳＯＧＩのゆくえ──市場化される社会運動」で、経営管理の観点からのＬＧＢＴ／ＳＯＧＩに関する多様性／ダイバーシティの高まりを批判的に捉え直し、特にダイバーシティ・マーケティングによって推進されるＬＧＢＴ／ＳＯＧＩに関する運動がはたして人権保障の問題に真剣に対処しようとしているのか疑問を投げかける。社会運動をマーケティングの観点から捉えることは、ＬＧＢＴ／ＳＯＧＩに関しての人権擁護をその対象・目的とするのではなく、新たな〝アライ〟としての運動参加者＝消費者を主なマーケティング対象とし、それを支援する企業のブランドイメージを高めることを目指す。そのような手法はいわゆる当事者を超える多くの参加者を運動に巻き込むことにつながる一方で、数の論理に突き動かされるダイバーシティ・マーケティングは、社会運動の核である人権問題への意識と人権保障に向けた制度変革への関心が大きく後退してしまっていることを新ヶ江は指摘する。

前述した経産省のダイバーシティ2.0では、性別や世代に加えて国籍の多様性が少子高齢化する日本経済にとって緊要であるとして、とりわけ高度な技能をもったグローバル人材獲得を目指し、永住ビザ取得要件の大幅な緩和がなされている。しかし、そこにはすでに日本に永住・定住している移民とその子孫たち、エスニックマイノリティの人たちや、二〇一九年に施行された出入国管理及び難民認定法（入管法）改正で受け入れが拡大された「外国人労働者」はそこには含まれていない。日本では「多文化共生」が移民やエスニックマイノリティの人たちの社会統合を進める政策的取り組みとされている。しかし、それは「多文化主義なき多文化共生」であり、欧米やオーストラリアなどのように「移民」受け入れとそれに伴う社会統合に関する政策が国レベルで採用されておらず、移民やエスニックマイノリティの人たちが直面する排除・貧困・差別の問題は政策として対応されていない。[17]前述のように、多様性／ダイバーシティ推進の一環として多文化共生を位置づける地方自治体も多くなっていて、二〇年に十四年ぶりに改定された「多文化共生推進プラン」では「多様性」と「包摂性」が初めてキーワードとしてうたわれた。しかし、髙谷幸が第3章「移民・多様性・民主主義――誰による、誰にとっての多文化共生か」で指摘するように、そこではコロナ禍でさらなる生活困窮に苦しむ人たちの救済への取り組みがまったく言及されていない。多文化共生の取り組みは地方自治体にいわば丸投げされているが、国家レベルの政策が不在な状況では独自で十全な取り組みをおこなうことは難しい。さらには、移民やエスニックマイノリティは「地方住民」と位置づけられながら、その多くは〈日本人〉の地方住民と同等の社会を構成する市民としての権利や参加資格を与えられていない。髙谷は、多文化共生が「誰にとっての」「誰による」ものなのかという問いを通して、移民・エスニックマイノリティの平等な包含に向けた、日本の多文化共生の限界と根源的な問題をえぐり出す。

5　誰もが生きやすい社会に向けた横断的連携

多様性／ダイバーシティ推進の議論は日本では主に女性、ＬＧＢＴ／ＳＯＧＩ、障害者、外国人材と結び付けられているが、そこから漏れている人々や集団の差異にも目を向けることで、より広い視野から多様性の問題に取り組むことが可能になる。河合優子の第４章「生活保護言説における「日本人」と「外国人」を架橋する」と貴戸理恵の第5章「「生きづらさからの当事者研究会」の事例にみる排除の多様性と連帯の可能性」は、多様性の議論から漏れ落ちている経済的困窮に直面する人たちと社会から排除されて生きづらさを感じている人たちの問題への取り組みから、多様性の議論を多様な生のあり方を肯定して誰もが生きやすい社会の模索に結び付けて考える必要を提起する。さらにこの二つの章は、多様性の問題に取り組むには様々な類いの多様性や生きづらさをめぐる構造化された差別・不平等を互いに理解して、それらのつながりに目を向けることが重要であり、それを通して差異をめぐる差別・不平等の経験を横断する対話と連帯を模索し実践する必要を示唆する。

河合は経済的に困窮している人たちを支援して人間らしく生きることを保障することは多様性の

平等な包含にとって重要な問題であるとしたうえで、生活保護をめぐる言説においてナショナリズム・新自由主義・人種主義が交錯することで〈日本人〉の包摂と排除が再編制されていることを論じる。生活保護は市民の権利ではなく国家からの恩恵として理解されがちだが、新自由主義が台頭するなかで個人と家族の自助努力が政府によって強調されるようになり、生活保護者に対する視線がいっそう厳しくなっている。生活保護受給の有無は国に迷惑をかけない〈ちゃんとした日本人〉であるかどうかの判断と結び付いているが、それは受給資格を日本人に限定して外国人への生活保護を社会に住まう市民の権利として認めないことと相まって、「日本人」という排他的な境界を二重に強化していると河合は指摘する。経済的困窮と生活保護を「日本人」と「外国人」がそれぞれ直面する異なる問題として別々に論じるのではなく、ナショナリズム・新自由主義・人種主義が交錯するなかで立ち上がっている問題として両者のつながりを可視化して考察することは、国籍やエスニシティにかかわらず社会の構成員として誰もが人間らしく生きられる社会に向けて経済的困窮の問題に有効に取り組むために不可欠であると河合は論じる。

貴戸も多様性の包含を多様な生のあり方の肯定と結び付けて、市場経済への貢献を強調する多様性／ダイバーシティの議論から漏れ落ちている、様々な生きづらさを抱える人たちに目を向ける。そして、多様な生きづらさの「共有できなさ」を通して、個々人が直面する問題を横断する新たな共同性と連帯が生まれる可能性について考察する。社会からの漏れ落ち方が個別化・複雑化・多様化する一方で、自己責任による自立が社会で求められるようになるなか、社会的弱者の集団性を土台にした社会運動とは異なる、個々のマイノリティ属性をまたいだ新たな連帯と共同性のあり方を模索することが求められている。不登校・ひきこもりをはじめ様々な困難を抱える人々が集まる「生きづらさからの当事者研究会」のフィールドワークを通じて、多様な属性や経験をもつ人たちが自分とは異なる生きづらさの問題に耳を傾けて、共通性だけでなく異質性を認め合うことで対話的な共同性が芽生える可能性を貴戸は提示する。共同性とは「つながれなさを通じてつながる」ことで培われていくのであり、それぞれの差異や「違和感を積極的に表明できる場や関係性を生み出しつづけるプロセスのなかに、新たな連帯の形式を見いだしうる」のである。

6　インターセクショナリティと連帯の可能性

誰もが生きやすい社会の構築に向けた多様性包含の視点は、特定の差異に関する差別・不平等だけに目を向けるのでは十分でなく、ほかの差異をめぐる差別・不平等も同時に解消する取り組みが求められることを照射する。それは、自分の経験とは異なる他者の痛みへの想像力をふくらませるとともに、複数の属性や要素をめぐる差別・不平等が交錯し重なり合うなかで、多様な形の抑圧や生きづらさの経験を個々人にもたらしている現実に向き合うことを意味する。この点で、インターセクショナリティ（交差性）の議論が多様性の平等な包含に向けて重要な視座を与えてくれる。

インターセクショナリティはジェンダー、ＬＧＢＴ／ＳＯＧＩ、エスニシティ、人種、ネーション、障害、階級、年齢などに関したカテゴリーを相いれない互いに分離したものと見なすことなく、それらが連関し、交差しながら個々の主体に不平等の経験をもたらしていることに着目する。[18]アメリカのブラックフェミニズムによって発展され、BLM運動でも標榜されているインターセクショナリティは、〈黒人〉や〈女性〉という均質化されたカテゴリーを問題視して、見過ごされがちな内部での差異・不平等・権力関係に目を向けて、複数の属性や要素をめぐる差別・不平等が個々人の経験でどのように交差しているかを考察する。〈黒人女性〉が経験する差別・不平等は〈黒人男性〉や〈白人女性〉とは異なる。その経験を理解するには、〈黒人〉には男性中心の、〈女性〉には白人中心の周縁化の力学が作動していることに目を向けなければならない。さらには、階級や障害などの要素が関わっているかどうかも考察する必要があるだろう。インターセクショナリティは様々な差異のカテゴリーを交差して差別・不平等をもたらしている複雑な権力作用の理解を促して、それらの解消に同時に取り組む必要を提起するが、それはまた、既存のカテゴリーによる囲い込みと分断の権力作用に切り込むことで、同じではない経験をしている様々な主体の間の協働と連帯の可能性をも照らし出す。

清水晶子は第6章「「同じ女性」ではないことの希望――フェミニズムとインターセクショナリティ」で、インターセクショナリティの視点から女性というカテゴリーの同一性を問い直して「同じではない経験」を認め合うことに連帯の可能性を見いだす。清水は、「#トランス女性は女性です」をめぐる日本でのインターセクショナリティのあり方について検討しながら、〈女性〉としての「同じではない」差別のあり方の間の〈類縁〉が連帯の土台となることを論じる。〈女性〉や〈エスニシティ〉といったカテゴリー化されたマイノリティ性を問い直して、その内部における序列・不平等と異なる経験のあり方に目を向けるインターセクショナリティが含意するのは、複数のアイデンティティ／差異の交差による差別の経験を合計として考えたり、複数の要因の重なりに焦点を当てて理解したりするというよりも、「これまで注意深く視野から外されてきた部分までを視野に収めるように焦点を絞り直して視野を広げていく作業」であることを清水は指摘する。まさにその作業を通して、〈女性〉──あるいは〈エスニシティ〉や〈生きづらさ〉──の同じではない差別経験の類縁性に自覚的になることで、多様な壁が複雑に交差して差別・不平等をもたらしていることへの気づきがもたらされる。「近接し（略）どこかでつながり支え合っている別の壁を同時に削っていく」ことで連帯の可能性と希望が切り開かれていくという清水の議論は、「つながれなさを通じてつながる」共同性と連帯の模索に重要な示唆を与える。

7　学び（捨て）の実践

多様性をめぐる差別・不平等の問題に取り組むには、差別・不平等を経験する多様な主体の間の対話と連帯を促すことに加えて、差別・不平等を被っていない（あるいはそう思っている）人たちをできるだけ多く巻き込み、わがこととして捉えてもらうことも重要である。多様性の平等の包含に向けて、すべての市民がともに考え、取り組むことを促す社会での学び（パブリック・ペダゴジー）をどのように展開できるのかは大きな課題だ。〈中心〉にいる人は自らが有している特権を意識することはないし、それを意識しなくてすむこと自体が〈中心〉にいることを示している。〈当事者性〉を対話的に広げて、複雑に重なり合う権力構造によって分断された多様な主体を共同性の輪のなかに巻き込むことができるのか。多様性をめぐる不平等、格差、差別の問題は、誰もがいつ弱者になるかわからない現代社会においては決してひとごとではありえず、すべての人にとって重要な関心事であることにどう気づかせるのか。多様性をめぐる問題を他者受容の寛容さに還元させることなく、多様な差異をもつ人たちを同じ社会を構成し作り上げていく市民同士として認識させることができるのか。無意識に埋め込まれてきた〈自己―他者〉の排他的な関係性の捉え直しを促す学びの実践をどのように展開していくのか。小ヶ谷千穂の第7章「共生を学び捨てる――多様性の実践に向けて」と村田麻里子の第8章「アート／ミュージアムが開く多様性への意識」は大学での教育実践から、これらの問いへのヒントを与えてくれる。

大学の授業で共生や多文化という言葉が多用されるなかで、学生たちはそれを頭だけで理解してしまい、自己と他者の境界線を引き直したり強化したりしてはいないかと自問しながら、小ヶ谷は、「共生のフィールドワーク」という授業を通してそれを超える学び捨ての可能性について論じる。神奈川県の川崎市桜本地区での自分とは異なる社会的・文化的背景をもつ「他者との共生の現場」で移民や生活困難世帯の子どもや若者と接することで、学生たちが経験する自身の変容に「多様性と／を生きることの本質」を小ヶ谷は見いだす。自分が知らない間にもっていた「上からの」まなざしに気づかされたり、自分自身の「ミックスルーツ」の経験を考え直す契機を得たりと、そのありようは異なる。しかし、現場での体当たり的な実践は、それまで頭で理解していた〈正しい〉共生の枠組みから学生たちを解き放ち、「共生」や「多文化」という概念を「学び捨てる」ことを促す。フィールドを終えたあとで学生たちの多くが「共生」概念を明確化するのではなく、「共生」を簡単に語ることができなくなること自体に、学び捨ての経験が見て取れると小ヶ谷は論じる。それは、共生や多様性という概念自体を無用のものとして捨て去るということではなく、学生たちが共生や多様性の包含をわがこととして実感することで、自己と他者、共同性と異質性の関係性を対話的に捉え直しつづけていく過程に入っていくことを示している。

ミュージアムやアーティストたちによるアートを使って社会の多様性包含を推進するプロジェクトが、世界各地で活発になっている。村田は、講義と組み合わせて考案したミュージアムでの実践的授業を通して、学生たちが多様性の包含を自分に関わる問題として「実感し、想像できる位相へ開いていく」可能性について論じる。授業の一環として学生たちにミュージアムで視覚障害がある市民向けの音声ガイダンス制作に取り組ませることは、学生たちを視覚障害者の立場に身を寄せて真摯に考えることを促し、無意識に「自己と他者の線引き」をおこなっていたことや自らの思い込みや偏見に自覚的にさせる。その過程で育まれる他者への想像力は、障害をもっていることは個人のアイデンティティを構成する重要な要素の一つだと学生たちに気づかせ、視覚障害という差異をもつ人を自分と地続きの存在として受け止めるとともに、障害をジェンダー、セクシュアリティ、エスニシティなどの様々な差異とその交差の仕方につなげて理解することを促す。そして、この気づきは、障害をもつ人たちに向けた配慮が中心になっている日本のミュージアムを、様々な多様性の包含に向けて開いていく契機にもなると村田は指摘する。批判知と実践知を巧みに組み合わせる小ヶ谷と村田の教育実践は、大学教育の枠組みを超えて、より多くの人々が多様性をめぐる不平等と差別の問題にわがこととして関わるようになる社会での学びの展開について多くの示唆を与えてくれる。

＊

本書は「論点」として四つの短い問題提起とインタビューも所収している。塩原良和の論点1「「多文化共生2.0」がヘイトを超えるために」は、入管法改正に伴って二〇一八年以降に示された「多文化共生2.0」ともいえる新たな政策指針は有用で適応可能な人材を選別し、脅威や負担をもたらす外国人を排除する方向へ転換していて、高まる排外主義をむしろ助長する論理へと変容していることを指摘する。林香里の論点2「メディア研究における「ダイバーシティ」の現在」は、主にジェンダーとジャーナリズムの観点から日本のマスメディアがいかに多様性の包含に取り組み損ねているのかを指摘して、ＡＩの時代での多様性の包含に向けたメディアの批判的検討のあり方を提起する。インターセクショナリティの視座は差別と不平等のあり方への理解を深めるとともに、マジョリティ性とマイノリティ性が個々人のなかで複雑に交差していることの理解を通してマジョリティとしての特権性を自覚させる教育にも取り入れられている。[19] 出口真紀子の論点3「みえない「特権」を可視化するダイバーシティ教育とは？」は、誰がいつどのように特権的な立場になるのかについて自省的に考えさせ自らの特権を自覚させる教育の重要性とその具体的な方法について論じる。ＬＧＢＴ／ＳＯＧＩ運動に積極的に携わっている松中権のインタビュー、論点4「批判にとどまらず具体的に実践すること」は、運動実践者の立場から多様な主体との連携の模索とともに、実践と結び付く批判のあり方の重要性を強調する。

多様性が組織や社会を豊かにするとすれば、それは多様な人材の活用が革新的な創造性を高めるからというよりは、誰もが働きやすく生きやすくなるからだ。既存の制度や構造を変えてそれを実現するまでの道のりは果てしなく険しい。しかし、楽観的すぎると言われるだろうが、多様性をめぐる様々な差別・不平等・生きづらさの問題を直視し、自分との関わり合いに気づき合うことで、私たち自身の生き方やほかの人々との関係性が新たに開かれていき、問題の解消に向けてささやかだけれど着実に歩を進める原動力となるはずだ。コロナ禍が格差・差別・対立を助長するだけでなく、これまで以上に他人の受難をわがこととして想像し受け止めるように私たちの意識を変えるきっかけを少しでももたらしているのなら、多様性との対話を推し進めることで変革に向けた萌芽はさらに育っていくだろう。

多様性をめぐる問題は多岐にわたる。多くの重要な問題を本書では扱えていないし、それらを包括的に考察することは本書の射程を超えている。しかし、本書に所収している各章と「論点」では、多様性を平等に包含し、誰もが生きやすい社会へと日本を開くことに向けた重要な視点と実践の手がかりが多く提起されている。様々な読者の方々が、本書に収められた章と「論点」から何らかの気づきを得たり、それぞれのやり方で多様性と対話するきっかけを見いだしたりすることを期待している。

注

（1）アミナ・フォラリン、田崎亮子翻訳・編集「混同されがちな、ＢＬＭとダイバーシティ＆インクルージョン」「campaign Japan 日本」二〇二〇年七月二日（https://www.campaignjapan.com/article/%E6%B7%B7%E5%90%8C%E3%81%95%E3%82%8C%E3%81%8C%E3%81%A1%E3%81%AA-blm%E3%81%A8%E3%83%80%E3%82%A4%E3%83%90%E3%83%BC%E3%82%B7%E3%83%86%E3%82%A3%EF%BC%86%E3%82%A4%E3%83%B3%E3%82%AF%E3%83%AB%E3%83%BC%E3%82%B8%E3%83%A7%E3%83%B3/462068）［二〇二一年二月二十六日アクセス］

（2）英語圏では diversity という言葉が使われるが、日本ではその対訳として「ダイバーシティ」と「多様性」が交互に使用されている。「ダイバーシティ」は企業・組織による推進に関して主に使用されていることから、本章ではその場合は「多様性／ダイバーシティ」と表記し、様々な差異の差別・不平等とそれを超える包含に関しては「多様性」を使用する。

（3）ここでは主にエスニシティ・人種に関しての議論を概観する。Homi K. Bhabha, *The Location of Culture*, Routledge, 2004, Thomas Hylland Eriksen, “Diversity Versus Difference: Neo-liberalism in the Minority-Debate,” in Richard Rottenburg, Burkhard Schnepel and Shingo Shimada eds., *The Making and Unmaking of Differences: Anthropological, Sociological and Philosophical Perspectives*, Transcript Verlag, 2006, pp. 13-36, Sara Ahmed, *On Being Included: Racism and Diversity in Institutional Life*, Duke University Press, 2012.

（4）ガッサン・ハージ『ホワイト・ネイション――ネオ・ナショナリズム批判』保苅実／塩原良和訳、平凡社、二〇〇三年。日本の文脈でコスメティック多文化主義について論じたものとして、テッサ・

モーリス＝スズキ『批判的想像力のために――グローバル化時代の日本』（平凡社、二〇〇二年）。

（5）Eriksen, op. cit.

（6）Ahmed, *op. cit.*

（7）*Ibid.*, pp. 65-72.

（8）「ダイバーシティ2.0行動ガイドライン」（https://www.meti.go.jp/report/whitepaper/data/pdf/20180608001_3.pdf）［二〇二一年二月二十六日アクセス］

（9）明戸隆浩が指摘したように、東京の渋谷区や世田谷区などの同性婚承認の動きはヘイトスピーチ反対の動きに結び付いて展開される可能性はある。明戸隆浩「差別に向き合う「ダイバーシティ」ヘイトスピーチ対策に向けた地域発の動き」「Yahoo! Japan ニュース」二〇一七年三月十一日（https://news.yahoo.co.jp/byline/akedotakahiro/20170311-00068521/）［二〇二一年二月二十六日アクセス］。また、アーメッドが指摘するように、実践者はダイバーシティを戦略的に使用しながら、失われがちな差別・不平等の視座を付与し直そうとしてもいる。Ahmed, *On Being Included*, p.80.

（10）例えば、富士通が「WIRED」日本版と二〇一七年に共催した「ゼロから学ぶ、ダイバーシティのＡＢＣ。企業は多様性とどう向き合うべきか」（「FUJITSU JOURNAL」〔https://blog.global.fujitsu.com/jp/2017-12-19/01/〕［二〇二一年二月二十六日アクセス］）。

（11）日本のヘイトスピーチと人種差別についての最近の調査と論考としては、後藤由那／塩田彩「日常にひそむヘイト　「日本に差別はない」は本当か」（「毎日新聞」二〇二一年二月十二日〔https://mainichi.jp/articles/20210212/k00/00m/040/027000c〕［二〇二一年二月二十六日アクセス］）、梁英聖『レイシズムとは何か』（〔ちくま新書〕、筑摩書房、二〇二〇年）など。日本企業のＢＬＭ・人種差別問題への対応については、「企業は社会問題への姿勢をどう示すべき？　ハフポスト編集長と考える、新時代のコミュニケーション」(「Visual Shift」二〇二〇年十一月二十六日〔https://visual-shift.jp/20728/〕[二〇二一年二月二十六日アクセス])。

(12) 下地ローレンス吉孝「「日本人」はいつまで「単一民族」として語られるのか――「ハーフ」の存在から日本史を問い直す」「現代ビジネス」二〇一八年九月二十九日(https://gendai.ismedia.jp/articles/-/57709?imp=0)[二〇二一年二月二十六日アクセス]

(13) 望月優大が試算したように、様々な出自や複合的な文化背景をもった人々を加えれば、公表されている外国人の割合二パーセントちょっとは大幅に増えておそらく七パーセントから八パーセント程度になるだろう。望月優大『ふたつの日本――「移民国家」の建前と現実』(講談社現代新書)、講談社、二〇一九年

(14) 東京都の渋谷区をはじめとして、全国の七十四の自治体(二〇二一年一月八日時点)が同性カップルを結婚に相当する関係と認めて「パートナー」として証明書を発行する同性パートナーシップの条例を制定している。「渋谷区・虹色ダイバーシティ全国パートナーシップ制度共同調査」(https://nijibridge.jp/data/1100/)[二〇二一年二月二十六日アクセス]

(15) 清水晶子「ダイバーシティから権利保障へ――トランプ以降の米国と「LGBTブーム」の日本」、「特集〈LGBT〉ブームの光と影」「世界」二〇一七年五月号、岩波書店、一三四―一四三ページ

(16) 前掲「ダイバーシティから権利保障へ」、川坂和義「「人権」か「特権」か「恩恵」か?――日本におけるLGBTの権利」、「特集 LGBT」「現代思想」二〇一五年十月号、青土社、八六―九五ページ

(17) 岩渕功一「多文化社会・日本における〈文化〉の問い」、岩渕功一編著『多文化社会の〈文化〉を問う――共生/コミュニティ/メディア』所収、青弓社、二〇一〇年、九―三四ページ

(18) インターセクショナリティ概念の定義については、Patricia Hill Collins and Valerie Chepp, "Intersectionality," in Georgina Waylen, Karen Celis, Johanna Kantola, and S. Laurel Weldon ed., *The Oxford Handbook of Gender and Politics*, Oxford University Press, 2013, pp. 57-87. インターセクショナリティ概念を提唱した論考としては以下を参照。Kimberlé W Crenshaw, "Demarginalizing the Intersection of Race and Sex: A Black Feminist Critique of Antidiscrimination Doctrine, Feminist Theory and Antiracist Politics," *University of Chicago Legal Forum*, Vol. 1989, Article 8, pp. 138-167, Patricia Hill Collins, *Black Feminist Thought: Knowledge, Consciousness, and the Politics of Empowerment*. Unwin Hyman, 1990.

(19) Kim Case ed., *Deconstructing Privilege: Teaching and Learning as Allies in the Classroom*, Routledge, 2013.

第2章　ダイバーシティ推進とLGBT／SOGIのゆくえ
——市場化される社会運動

新ヶ江章友

1　ダイバーシティ推進とは何か

本章では、近年急速に進む日本のLGBT／SOGI[1]施策について、経営学におけるダイバーシティ・マネジメントという文脈から考察したい。そもそもこのダイバーシティという考え方は何を意味し、その文脈のなかでなぜLGBT／SOGIについて言及されるようになってきたのだろうか。近年のダイバーシティをめぐる言説は、一方でイノベーション人材の登用という文脈で、もう一方で企業ブランディングをめぐる市場化と接続されて議論されるようになってきていて、そこでは人権問題への関心が傍流化しているようにもみえる。以下では、ダイバーシティ・マネジメントの批判的検証を試みたい。

ダイバーシティという用語は、人種、国籍、性別、性的指向、障害の有無、年齢、経歴、価値観、宗教、ライフスタイルなど、人間に備わる多様な差異を積極的に肯定し互いに認め合おうという観点から使用されている。このカタカナで表記される「ダイバーシティ」が日本で使われるようになったのは、それほど昔の話ではない[2]。二〇〇〇年代に入ってから、メディアや学術論文などでも少しずつ目につくようになった。しかしダイバーシティが日本で本格的に市民権を得るようになったのは、一〇年代半ば以降だろう[3]。では、なぜ市民権を得たのだろうか。その理由は、この言葉が単に多様な人々の人権問題を内包していたからというだけではない。このダイバーシティの考え方がそもそも経営学に由来するものであり、ダイバーシティを推進することで何らかの経済効果をもたらすという理解が、広く社会に受容されたからではないだろうか。つまり、マイノリティへの人権の配慮だけではなく、「多様な人材活用が社会を活性化させる」という経営学的発想が、このダイバーシティの考え方を人々の間に違和感なく浸透させたのである。

ただし、このダイバーシティという用語が市民権を得る以前から、日本では様々な文脈で類似した別の用語が使われていた。例えば、多文化共生や男女共同参画である。これらの用語はもちろん現在でも使われているが、次第にダイバーシティという表現に包摂され、凌駕されているようにみえる。現在では、この用語が企業経営だけでなく、行政の文脈でも使用されるようになってきている。これは、経営学の発想が行政にも取り入れられている可能性を示唆する。例えば近年、多文化共生や男女共同参画を担当していた部署が、ダイバーシティという名前に看板を書き換えることがある。(4) そして近年、ダイバーシティの一つの象徴として、新たにLGBT／SOGIに強い関心が寄せられていて、LGBT／SOGIは、まさに企業にとっても行政にとっても取り組むべきホットな課題になっているのである。

LGBT／SOGIをめぐるダイバーシティ推進にはダイバーシティ・マネジメントとダイバーシティ・マーケティングの二つの動きがみられる。ダイバーシティ・マネジメントとは、組織内の人材の多様性を活用し、イノベーションを起こすというものである。一方、ダイバーシティ・マーケティングとは、ダイバーシティをビジネスチャンスと捉え、それをブランド化しながら商品化していくことである。この両者は、どのような関係にあるのだろうか。本章ではまずは経営学におけるダイバーシティ・マネジメントの議論を参照しながら整理したあと、LGBT／SOGIの文脈からダイバーシティ・マーケティングについて分析する。これまでも、LGBT／SOGIをめぐるダイバーシティ推進と人権問題の関係についてはすでに議論されてきた。(5) しかし、経営学的マーケティングの論理が社会運動とどうつながっているのかの研究は十分になされてきたとはいえない。とりわけ日本の経営コンサルタントたちが、LGBT／SOGIをダイバーシティ・マーケティングという観点からどのように問題化し、ターゲットとし、消費主体として立ち上げようとしたのか、その力学を分析する。そして最後に、ダイバーシティ・マーケティング推進によるLGBTという主体が、人権問題への意識を傍流化させるなかでどのように立ち上げられているのかを論じる。

2　経営学におけるダイバーシティ・マネジメントとは何か

まず、経営学的文脈で使用されるダイバーシティ・マネジメント（あるいは、ダイバーシティ経営）について整理したい。(6) ここでいうダイバーシティ・マネジメントとは、人材の多様性を戦略的に利用することで企業組織のパフォーマンスを向上させ、イノベーションを創出しようとする経営手法である。(7) 具体的には、多様な要素を含み持つ人材を企業に積極的に取り込むことによって企業の競争力と組織パフォーマンスを高めるという、経営学的発想に基づく学問的実践と応用である。

またこのダイバーシティ・マネジメントは、国家が企業に対して積極的に奨励している経営手法でもある。経済産業省は、「女性をはじめとする多様な人材の活躍は、少子高齢化の中で人材を確保し、多様化する市場ニーズやリスクへの対応力を高める「ダイバーシティ経営」を推進する上で、日本経済の持続的成長にとって、不可欠」としていて、「新・ダイバーシティ経営企業百選」や「なでしこ銘柄」などの施策を通して優秀企業を選定・表彰している。(8) 経済産業省は、二〇一八年四月に「競争戦略としてのダイバーシティ経営（ダイバーシティ2.0）の在り方に関する検討会」を設置し、一八年六月には「ダイバーシティ2.0行動ガイドライン」を改訂して発表している。(9) このガイドラインの冒頭には、以下のように書いてある。

「ダイバーシティ2.0」は、一朝一夕には実現できず、手をこまねいている余裕はない。女性活躍も未だ道半ばであり、もはや「ダイバーシティは本当に必要なのか」という議論に時間を費やすのではなく、一刻も早く具体的な行動を起こし、実践フェーズへと移行すべきである。(10)

このように、ダイバーシティ・マネジメントは国家が旗振り役になって取り組むべき喫緊の課題になっていて、「ダイバーシティは本当に必要なのか」という疑問を呈することさえ難しい状況になっている。そのような国による急速な取り組み強化の背景の一つとしては、企業を取り巻く国内外の環境の変化がある。とりわけ少子高齢化によって、外国人や女性など多様な人材の受け入れが必須になり、もはや選択の余地がない、待ったなしの状況があるといわれる。

ダイバーシティ・マネジメントの重要な目標は、ただ単に企業内の人材の多様性確保を競争力向上へとつなげることにとどまらない。それを実現するためには、多様な人材が能力を十分に発揮できるような企業倫理の整備が必須になる。つまり、多様な人々の人権に配慮した働きやすい職場環境作りである。例えば、企業内で男性の優遇をなくしたり、男女の賃金格差を改善したりすることは、公平性や正義の問題とも関わる。したがって、企業倫理やコンプライアンスの取り組みはそもそも、ダイバーシティ・マネジメント以前の問題として企業が取り組むべき重要な課題であった。しかし、ダイバーシティ・マネジメントは、そもそも企業内にある様々な不平等を改善すること「だけ」が目的ではなかった。これらの企業内倫理の取り組みが、イノベーションや「稼ぐ力を高めること」(11)につながることが重要だったのである。

ここで注意しなければならないのは、国が推進するダイバーシティ・マネジメントが経済的に有用な特定の人材を注視している点にある。経営学者の谷口真美は、ダイバーシティのカテゴリーは本来、性別や人種などだけではなく、居住地、政党、家族構成、所属組織など非常に多岐にわたり、またダイバーシティのレベルも、可視化された表層的なレベルのものから、外部から識別しにくいレベル（例えば、パーソナリティ、価値、態度、信条など）まで多様だと指摘している。[12]にもかかわらず、国がおこなうダイバーシティ・マネジメントで特に強調されるのは「日本人」の「女性」である。外国人については、専門性や技術を有する高度外国人材だけがダイバーシティ・マネジメントの対象とされ、いわゆる「技能実習制度」を利用して渡日した外国人労働者などに対する日本での活躍推進施策は限定的である。

ダイバーシティ・マネジメントにとって重要なのは、単に差異の尊重と平等な扱いを求めるマイノリティの存在ではない。「女性」や「外国人」といったマイノリティとしての視点や発想を前面に掲げて、それをイノベーションに生かすことができるような進取の気性、つまり起業家精神に富んだ主体が必要とされる。安倍晋三政権が二〇一六年六月に閣議決定した「ニッポン一億総活躍プラン」も、まさにこのダイバーシティ・マネジメントの考えを踏まえたものである。「一億総活躍社会」について、首相官邸のウェブサイトには次のように書かれている。

・若者も高齢者も、女性も男性も、障害や難病のある方々も、一度失敗を経験した人も、みんなが包摂され活躍できる社会。

・一人ひとりが、個性と多様性を尊重され、家庭で、地域で、職場で、それぞれの希望がかない、それぞれの能力を発揮でき、それぞれが生きがいを感じることができる社会[13]。

「国は人々の多様な個性とアイデンティティを認める。ただし、それは国の活性化に生かされなければならない」という発想が、この「一億総活躍社会の実現」というスローガンに見え隠れしている。現在の社会では、個人が自らのアイデンティティを自覚し、それを活用しながらチャレンジ精神をもって社会で活躍することを望み、そこから何らかの利潤が生み出されることが期待されているのである。

ここまでの議論をまとめると、ダイバーシティ・マネジメントの核にあるのは、企業内に多様な文化的・社会的背景をもつ人材を確保することであり、そのうえでそれらの人材間の交流から経済活動に資する新たな知とイノベーションを生み出すことを目指しているのである。つまり、推進されているのは、マイノリティの人権問題への取り組みではなく、むしろ「役に立つ」差異の取り込みと活用である。ここに、新自由主義時代のダイバーシティ・マネジメントを通した「差異」の統治実践が現れている。

3　ダイバーシティ・マーケティングとLGBT／SOGI

近年、女性や外国人だけでなく、ＬＧＢＴやＳＯＧＩもダイバーシティ・マネジメントで活用すべき対象として重視されるようになっている。現在日本で、ダイバーシティ・マネジメントとＬＧＢＴ／ＳＯＧＩの関係を分析した経営学的研究はまだ多くはないが[14]、経営コンサルタントなどが書いた本はいくつかある[15]。前述したように、ＬＧＢＴ／ＳＯＧＩをめぐるダイバーシティ・マネジメントの研究はすでになされている一方、それがダイバーシティ・マーケティングとどのような関係にあるのかは十分に議論されていない。とりわけ、これらの議論がＬＧＢＴ／ＳＯＧＩの人権問題とどのような関係にあるのかは明確化されてはいない。ＬＧＢＴ／ＳＯＧＩのダイバーシティ・マネジメントは、組織内にＬＧＢＴ／ＳＯＧＩの視点を積極的に取り入れることにより、イノベーションを起こすという発想である。一方ＬＧＢＴ／ＳＯＧＩのダイバーシティ・マーケティングとは、「ＬＧＢＴ／ＳＯＧＩブランド」を市場に積極的に巻き込むことによって消費の対象とすることである。近年のＬＧＢＴ／ＳＯＧＩのダイバーシティ・マーケティングに関する企業の実践例は、多数報告されている。そういった企業の分野は、例えば、保険、ホテル、ブライダル、美容、ファッション産業など枚挙にいとまがない[16]。

では、ダイバーシティ・マネジメントとダイバーシティ・マーケティングの間にはどのような関係があるのだろうか。ダイバーシティ・マネジメントは、多様な人材の組織への登用によってイノベーションを起こすということだが、多様な「差異」を排除するのではなく包摂することで組織の売り上げを増大させるという発想がある。組織内での差異の排除には経済活動を阻害する要因があると捉えられているため、多様な人材の包摂とそれに伴う人権擁護こそが重要だと考えられる。一方、ダイバーシティ・マーケティングは、ダイバーシティ・マネジメントの延長にある。ダイバーシティ・マネジメントによるマイノリティの人権擁護がそもそも経済活性化と連動しているのだから、それをさらに一歩進め、マイノリティの差異を商品化しながら人権問題に目を向けようという発想がここにはある。したがって、ダイバーシティ・マネジメントおよびマーケティングのなかで語られる人権は、そもそも経済活動に従属しているのである。

日本でのダイバーシティ・マーケティングとLGBT／SOGIの関係を分析するにあたり、まずは一冊の重要な本を読み解いてみよう。ここで取り上げるのは、元電通総研の四元正弘と千羽ひとみが書いた『ダイバーシティとマーケティング』[17]である。本章でこの本を取り上げるのは、電通が展開したダイバーシティ・マーケティングの手法とその内容が、二〇一五年以降の日本でのLGBT／SOGIの社会運動と大きく関連しているためである。ここでは、ダイバーシティ・マーケティングと社会運動のこの連動を「市場化される社会運動」と呼ぶことにする。この一五年以降に顕著に表面化した「市場化される社会運動」は、これまでの人権問題を主眼としたLGBT／SOGIによる社会運動とは手法が異なる。このダイバーシティ・マーケティングと社会運動の関係について日本で説明的に解説した本は、筆者が知るところ、現在はこの本以外に見当たらない。このような理由から、この本を取り上げる。

日本で電通が展開するLGBT／SOGIを対象にするダイバーシティ・マーケティングの方法は、注目に値する。なぜなら電通は、二〇一五年以降のいわゆる「LGBTブーム」の火付け役でもあったからである。[18]電通が仕掛けた「LGBTブーム」は、LGBT／SOGIの社会運動の新たなあり方を提唱し、とりわけ一五年以降、それ以前とは大きく異なる社会運動が展開されるようになった。この社会運動の新しさは、ＬＧＢＴをめぐる表象戦略、いわゆるＬＧＢＴのブランド化にある。一五年四月に渋谷区で始まった「同性パートナーシップ制度」を報道する際のメディア表象や、写真家レスリー・キーが撮った約一万人のＬＧＢＴのポートレートとその写真展「OUT IN JAPAN」などがその代表例である。自治体、企業、そしてそれに賛同する団体や個人が、このＬＧＢＴ／ＳＯＧＩの社会運動の新たな担い手だった。

こうした電通によるダイバーシティ・マネジメントやマーケティング戦略では、社会運動とＬＧＢＴマーケティングが結び付いている。四元と千羽はそれに関して次のようにいう。

> ＬＧＢＴマーケティングは、「ＬＧＢＴ当人はもとよりＬＧＢＴフレンドリーなストレート層を対象にする、ＬＧＢＴへの差別なき社会を目指す社会運動を取り込んだマーケティング」と、社会運動を基軸に考察を加えたい。[19]

つまりここで述べているのは、「社会運動としてのＬＧＢＴマーケティング[20]」であり、ＬＧＢＴマーケティングは社会運動を「取り込み」、それと連携することでより効果的に展開されるという、これまでの社会運動では考えられなかった発想の転換がある。従来の社会運動がＬＧＢＴの人権擁護に向けた地道な草の根的運動だったのに対し、二〇一〇年代の新しい社会運動としてのＬＧＢＴマーケティングでは、差別なき社会を目指す社会運動とマーケティングが結び付いていく。

では、社会運動がどのようにしてLGBTマーケティングとつながるのだろうか。四元と千羽は、一般に広く知られている著名な経営学者ピーター・F・ドラッガーの著書を手がかりにしながら、LGBTマーケティングについて述べていく。四元と千羽によると、マーケティングの本質は「売れる商品をどうつくるか」ということにあるという。[21]そのためには、顧客が何を買いたいかと問い、どのような満足を求めているのかを知ることが必要である。「マーケティングの理想は、販売を不要とする」というように、顧客のニーズを知れば商品はおのずと売れる。つまりマーケティングにとって重要なのは、「何を売るか」ではなく「売るための努力を最小化」しながら、おのずと顧客がそれを買うよう仕向けることである。[22]商品の作り手が顧客のことを十分理解し、売れる商品を作り、そしてそれを売り出したら、こちらから積極的に商売をせずとも顧客が自発的にその消費主体になる仕組みを作ることが重要である。

しかしここで問題になってくるのは、では顧客とは一体誰のことで、LGBT市場とは何かということである。もちろん顧客にはLGBTが想定されるわけだが、LGBTといっても「活動家(アクティビスト)」から「意識高い系消費者」や「意識低い系消費者」などまで濃淡が存在していて、顧客定義が難しいという。[23]先の電通の調査では、LGBT市場規模を約五・九兆円と算出することで日本でLGBT層をターゲットにした消費市場に大きな可能性があることを印象づけているが、「社会運動としてのLGBTマーケティング」を標榜する四元と千羽は、逆にLGBT当事者を直接の顧客と想定するマーケティングの可能性をあまり重視しない。「LGBTの消費ニーズが特殊だ」という前提を疑問に付し、むしろLGBTに特化した商品開発が日本では逆に当事者への反感を生みかねないと警戒する。つまり、ＬＧＢＴを有望顧客像としてマーケティングすることのほうがむしろリスクが高いと考えているのである。[24]

四元と千羽は、「マーケティング視点で、この社会運動を成功あるいは発展させるためにはどうすれば良いか？」という問いを発し、それに次のように答えている。

社会運動の広がりに「最初の追従者＝アーリーアダプター」が必要不可欠だという鉄則にのっとり、「ＬＧＢＴに関連するアーリーアダプターは誰か？」、そして「その彼ら・彼女らにおけるＬＧＢＴ運動の価値はなにか？」を見定めて、最終的にどうやって巻き込むかを検討することが肝要なのだ。つまりこれが社会運動論視点のＬＧＢＴマーケティングに求められる基本戦略なのである。[25]

社会運動にとって必要なことは、一部の活動家が声を張り上げることではない。運動の成否は、この運動家に追従する「アーリーアダプター」にかかっていて、「「面白そうだから参加しちゃった」的な軽いノリで運動に参加する意識低い系のほうがより重要な役割を担う」[26]と考えられている。ここで鍵を握るとされているのは、強いアイデンティティと行動力、人権問題意識をもったアクティビストではない。四元と千羽によると、そうしたアクティビストが目立つことはむしろ、社会運動における意識低い系や一般ストレート層との心理的距離を広げてしまう懸念がある。つまりより重要なのは、当事者だけではなく、当事者の周辺の人たち――いわゆる「アライ（ally）」と呼ばれる人々——を社会運動としてのＬＧＢＴマーケティングにどう巻き込むかなのである。

四元と千羽の主張に耳を傾けるなら、日本のＬＧＢＴマーケティング戦略の特徴として挙げられるのは、ＬＧＢＴという特定の消費主体をあえて立ち上げることなく、ＬＧＢＴの生き方や活動に賛同する支援者であるアーリーアダプターを含めてターゲットを緩く広くすることだといえる。ここには、ＬＧＢＴだけを消費者とするよりもアーリーアダプターを含めたほうが、より市場は広がるという計算がはたらいている。

そして、このアーリーアダプターをも巻き込んだ市場展開の重要な一つのイベントと見なされているのが、「東京レインボープライド」である。近年では毎年ゴールデンウィーク期間中に開催されているが、ここ数年の特徴として挙げられるのが協賛企業数の著しい増加である。四元と千羽がいうには、そこでのＬＧＢＴマーケティングではアーリーアダプター自体を消費者ターゲットとする企業ブランディングがきわめて重要な位置を占めている。「東京レインボープライド」に企業が参加することによって、企業はＬＧＢＴにフレンドリーであるという姿勢をみせることができる。これが無意識に企業に対する評価を上げ、同時に同社製品すべてに対する評価を自動的に押し上げる。このＬＧＢＴフレンドリー企業というブランディングを通してのマーケティングは、企業にとっては非常に効率的なのである。(27)

四元と千羽による「社会運動としてのＬＧＢＴマーケティング」戦略を総括してみよう。ＬＧＢＴマーケティングとは、一見するとＬＧＢＴ当事者を消費主体として立ち上げることのように思える。しかし四元と千羽の戦略は、ＬＧＢＴを直接の顧客とするのではなく、逆に人々のセクシュアル・アイデンティティをあえて不問にし、アクティビストではない人々が社会運動に賛同するようなアーリーアダプターとしての主体の立ち上げ方を模索している。そして、そこでは例えば「東京レインボープライド」のような大きなイベントを重要な市場展開の場と見なし、そこに企業が参加することで企業ブランドを上昇させ、それに伴って参加企業の製品評価を上げるという戦略をとる。ここで立ち上がってくる主体は、パレードになんとなく参加していて、必ずしも強い人権意識をもっているわけではない消費者としてのＬＧＢＴとアライであり、アライの姿勢を示す企業である。つまり、ＬＧＢＴマーケティングはＬＧＢＴを対象として何かを売るという方向性を模索しない。そうではなく、ＬＧＢＴという「イメージを商品化すること」――ＬＧＢＴの個々の存在自体が商品化されているのではない――によって企業をブランディングしているのである。そして重要なのは、この一連のＬＧＢＴマーケティングを社会運動と位置づけていることにある。このような形態のＬＧＢＴの社会運動は、それまで日本にはあまりなかった。

４　ＬＧＢＴマーケティングと人権問題への意識

問題は、はたしてこのような社会運動を取り込んだＬＧＢＴマーケティング戦略が、四元と千羽がいうようにＬＧＢＴへの差別がない社会を目指すものになっているのかである。たしかに、人権問題を前面に掲げたアクティビストによる社会運動にとどまらず、より広い当事者、アライ、賛同企業の輪を作っていくことは、結果的に社会のLGBTイメージを向上させ、差異の尊重と平等な包含を前進させることにつながるかもしれない。だが、そこに落とし穴はないか。

近年の企業によるダイバーシティ・マネジメント／マーケティングの文脈とあわせて、多くの地方自治体がLGBT／SOGIの人権問題への関心を急速に高めていったことは認識すべき重要な点だろう。例えば二〇一七年に、全国の地方自治体が性自認・性的指向に関連する施策をどのようにおこなってきたかの調査がなされている(28)。この調査によると、地方自治体で性自認・性的指向に言及した行動計画や指針などが最初に策定されたのは〇三年の「福岡県人権教育・啓発基本指針」であり、その後の累積数は徐々に増加傾向にはあった。それが急増したのが、渋谷区で「同性パートナーシップ制度」が作られた一五年以降である。一四年までは百一件、一五年は百三十二件、そして一六年には二百三十五件と一年で約二倍弱の伸びを見せている(29)。したがって、一五年以降の新しい社会運動の展開と重なるように、行政でLGBT／SOGIをめぐる人権施策が全国的に急速に広がった。

つまり、日本の地方自治行政でのLGBT／SOGIをめぐる人権施策への関心は、企業のダイバーシティ・マネジメント／マーケティングと手を携えながら進んでいったといえる。逆にいえば、LGBTダイバーシティ・マネジメント／マーケティングへの関心が高まらなければ、行政によるLGBT／SOGIをめぐる人権施策への関心は低いままだった可能性が十分にある。したがって、ダイバーシティ・マネジメント／マーケティングの興隆に伴い人権問題への関心が高まったことをチャンスと捉える向きは、たしかにある。

しかし、このＬＧＢＴマーケティング戦略で人権問題がどのように捉えられているのかは慎重に見極める必要がある。マーケティングが第一の目的になり、そこに社会運動が取り込まれて利用されることによって、人権問題への取り組みを傍流化させたり矮小化させたりする危険はないか。ダイバーシティ全体の問題としてマイノリティの人権擁護について、例えば四元と千羽は次のように述べている。

マイノリティの人権は理念的に極力守られるべきだが、具体的にどういう風に、またどこまで守られるかは多数決に従ってマジョリティが決めるのである。[30]（傍点は引用者）

民主主義とダイバーシティについての四元と千羽のこの主張は、本のなかで繰り返されている。[31]ここで人権は、誰もが普遍的にもつもので必ず擁護されるべきものであるという考えとはなっておらず、人権を擁護するかどうかはマジョリティによる多数決によると言明している点が特徴的である。だからこそ四元と千羽は、アライや企業を巻き込んでＬＧＢＴの人権擁護に向けた社会の多数派を形成することを提起する。しかし、この考え方はそもそもの人権認識が間違っていないか。

日本国憲法はＬＧＢＴだけでなくすべての人に基本的人権を保障していて、この憲法の理念に現実社会が適合していないのならば、その憲法の理念に従って社会を変えていく必要がある。例えば、同性婚をめぐる裁判が二〇一九年から日本でもおこなわれている。[32]この裁判は日本国憲法に照らし、同性間の婚姻が日本で認められるかどうかを争うものである。したがって裁判の結果、同性婚は認められるという判決になればそれを保障する法を整備しなければならない。一方、司法ではなく立法の場が先に同性間の婚姻を保障する法を整備することもできる。だが現在の政治状況をみると、与野党間での合意形成がいまだなされていない。このように同性婚だけを取り上げても、多数決によってある人の婚姻の権利を認める／認めないという認識自体が誤っていて、その権利が憲法に保障されているのであれば、憲法に基づいて同性間の婚姻は認められるべきものになる。ＬＧＢＴ／ＳＯＧＩの人権問題が多数決によって左右されるもので、それこそが民主主義だという四元と千羽の主張は危ういものである。

おわりに

冒頭でも指摘したように、ＬＧＢＴの運動が市民としての人権保障に向けた社会の変革を伴うことなく、国家、自治体、企業によってマーケティングとブランディングに利用されることへの危惧はこれまでも表明されてきた。しかし、近年のＬＧＢＴマーケティングがすべてＬＧＢＴの人権を蔑ろにしているということではない。実際、ＬＧＢＴマーケティングに取り組む多くの企業が、社内での企業倫理の確立と社外でのＬＧＢＴ／ＳＯＧＩの人権問題にも積極的に取り組んでいる。ただし注意が必要なのは、人権問題がマーケティング化される点であり、ここにこそ、この社会運動の新しさと危うさがある。つまり、ＬＧＢＴフレンドリー企業によるマーケティングを通してアライを増やすことによって、多数決の論理でＬＧＢＴの人権問題を決するという理屈が問題である。四元と千羽によると社会の政策は多数決で決まるため、ＬＧＢＴの人権への関心を増やすためにはアライの裾野を広げる必要がある。そこで重要な媒介の役割を果たすのがＬＧＢＴフレンドリー企業である。したがって、ＬＧＢＴフレンドリー企業が増えることによってＬＧＢＴの人権問題への社会的関心が高まるという関係性が構築できる。だが、ＬＧＢＴの人権問題はマーケティングの理論による商品価値として扱える類いのものなのだろうか。企業がダイバーシティやＬＧＢＴに利用価値を見いださない日がいつかくれば、ＬＧＢＴの人権はそれとともに廃棄される運命にあるのだろうか。ダイバーシティ・マネジメント／マーケティングと連携して人権問題に取り組むとき、社会運動の本来の目標である人権擁護の意識を土台にすることなく、そして、権利の保障に向けた制度変革を目指すことなく、むしろそれらを後退させてしまってはいないかが危惧される。この点については今後さらに丁寧に見極めていく必要があるだろう。

注

（1）ここではＬＧＢＴとはLesbian（レズビアン）、Gay（ゲイ）、Bisexual（バイセクシュアル）、Transgender（トランスジェンダー）の四つのアイデンティティを指し、ＳＯＧＩとはSexual Orientation and Gender Identity（性的指向と性自認）を指す。本章ではＬＧＢＴ／ＳＯＧＩという表記を用いることにする。

（2）一九九〇年代に「多様性」という表記が使われることが多かったのが生物多様性という言葉である。この生物多様性の考え方が人間世界のダイバーシティとどのような関係にあるのかは、Deborah R. Litvin, "The discourse of diversity: From biology to management," *Organization*, 4(2), 1997, pp. 187-209 を参照。

（3）新聞のなかで「ダイバーシティ」という表記がどのくらい登場するかをみてみると、「朝日新聞」では二〇〇〇年代で六十三件、一〇年代で七百十三件、「日本経済新聞」では〇〇年代で千五百十三件、一〇年代で六千三百二十九件、「毎日新聞」では〇〇年代で四十四件、一〇年代で四百三十二件、「読売新聞」では〇〇年代で三十件、一〇年代で四百三十件になっている。また、日本でのダイバーシティ概念の社会的受容に関しては、一小路武安「日本におけるダイバーシティ概念の社会的受容――新聞記事データの分析から」（「経営論集」第八十八巻、東洋大学経営学部、二〇一六年）二九―四二ページを参照。

（4）例えば大阪市は、二〇一三年十月から市民局のなかにダイバーシティ推進室を設置している。このダイバーシティ推進室の下にこれまで別の部署にあった課を統合し、ダイバーシティ推進室のなかに、人権企画課（同和問題、犯罪被害者ら支援、ＬＧＢＴ、ヘイトスピーチ、多文化共生など）、男女共同参画課、人権啓発・相談センターを設置している。

（5）川坂和義「「人権」か「特権」か「恩恵」か？――日本におけるＬＧＢＴの権利」「現代思想」二〇一五年十月号、青土社、清水晶子「ダイバーシティから権利保障へ――トランプ以降の米国と「ＬＧＢＴブーム」の日本」「世界」二〇一七年五月号、岩波書店、一三四―一四三ページ

（6）そもそもダイバーシティ・マネジメントという発想の起源は、一九六〇年代から七〇年代にかけての巨大企業の海外進出に伴う多国籍企業化と異文化経営にあった。有村貞則『ダイバーシティ・マネ

ジメントの研究——在米日系企業と在日米国企業の実態調査を通して』（文眞堂、二〇〇七年）を参照。

（7）ダイバーシティ・マネジメントとイノベーションの関係をめぐる実証的研究はいまだ少ないと研究者たちの間ではいわれている。以下を参照。谷口真美『ダイバシティ・マネジメント——多様性をいかす組織』白桃書房、二〇〇五年、尾﨑俊哉『ダイバーシティ・マネジメント入門——経営戦略としての多様性』ナカニシヤ出版、二〇一七年、正木郁太郎『職場における性別ダイバーシティの心理的影響』東京大学出版会、二〇一九年。実際、海外のダイバーシティ・マネジメントの実証研究の結果が示すものも、ネガティブな評価からポジティブな評価まで玉石混交である。例えば、組織内の多様性はイノベーションにつながるどころか、むしろ対立や混乱を引き起こし、それらの調整に余計な手間がかかるという報告もある。以下を参照。Lindred L. Greer, Karen A. Jehn and Elizabeth A. Mannix, "Conflict transformation: A longitudinal investigation of the relationships between different types of intragroup conflict and the moderating role of conflict resolution," *Small Group Research*, 39 (3), 2008, pp. 278-302, David A Harrison, Kenneth H. Price, Joanne H. Gavin and Anna T. Florey, "Time, Teams, and Task Performance: Changing Effects of Surface- and Deep-Level Diversity on Group Functioning," *The Academy of Management Journal*, 45(5), 2002, pp. 1029-1045.

（8）例えば、経済産業省の以下のウェブサイトを参照。経済産業省「ダイバーシティ経営の推進」(https://www.meti.go.jp/policy/economy/jinzai/diversity/index.html)［二〇二〇年一月二十六日アクセス］

（9）改訂前の同ガイドラインは、二〇一七年三月に発表されている。

（10）経済産業省「ダイバーシティ2.0行動ガイドライン（平成三〇年六月改訂）」(https://www.meti.

go.jp/report/whitepaper/data/pdf/20180608001_3.pdf）［二〇二〇年一月二十六日アクセス］
（11）経済産業省「ダイバーシティ2.0の更なる深化に向けて――〈「競争戦略としてのダイバーシティ経営の在り方に関する検討会」提言概要〉」（https://www.meti.go.jp/report/whitepaper/data/pdf/20180608001_1.pdf）［二〇二〇年一月二十六日アクセス］
（12）前掲『ダイバシティ・マネジメント』四三―四五ページ
（13）首相官邸ウェブサイト「一億総活躍社会の実現」（https://www.kantei.go.jp/jp/headline/ichiokusoukatsuyaku/）［二〇二〇年一月二十六日アクセス］
（14）林順一「ダイバーシティの対応に積極的な日本企業の属性分析――どのような属性の企業が外国人活用、女性登用、LGBT対応及び障害者雇用に積極的に取り組んでいるか」、日本経営倫理学会編「日本経営倫理学会誌」第二十四号、日本経営倫理学会、二〇一七年、四三―五六ページ、田原万悠子／長谷川泰大／古庄涼花／村井千恵／森峻人／星野崇宏「Propensity Score 及び Causal Tree を用いたLGBT施策と収益の因果推定」「人工知能学会全国大会論文集」人工知能学会、二〇一九年
（15）柳沢正和／村木真紀／後藤純一『職場のLGBT読本――「ありのままの自分」で働ける環境を目指して』実務教育出版、二〇一五年
（16）LGBTマーケティングに関する記事などは多数あるが、例えば、以下などを参照。「すぐにできること LGBTは隣にいる 寄り添えば新市場が広がる」「日経ビジネス」二〇一五年八月二十四日号、日経BP社
（17）四元正弘／千羽ひとみ『ダイバーシティとマーケティング――LGBTの事例から理解する新しい企業戦略』（実践と応用シリーズ）、宣伝会議、二〇一七年。著者の一人である四元は電通総研の研究主席を務めていたが、二〇一三年三月に退職している。

（18）例えば、電通ダイバーシティ・ラボは「ＬＧＢＴ調査２０１５」を実施し、そこでＬＧＢＴ層の比率を七・六パーセントと発表した。この数字が日本のＬＧＢＴ層の人口への言及がなされる際にしばしば根拠にされるようになった。二〇一五年四月二十三日に電通コーポレート・コミュニケーション局広報部が出した、「電通ダイバーシティ・ラボが「ＬＧＢＴ調査２０１５」を実施――ＬＧＢＴ市場規模を約5.9兆円と算出」（[https://www.dentsu.co.jp/news/release/2015/0423-004032.html]［二〇二〇年一月二十六日アクセス］）を参照。

（19）前掲『ダイバーシティとマーケティング』一〇〇ページ

（20）同書一〇〇ページ

（21）同書一〇〇ページ

（22）同書一四ページ

（23）同書一〇〇ページ

（24）同書九五―九七ページ

（25）同書一〇〇ページ

（26）同書一一〇ページ

（27）同書一一二―一一三ページ

（28）谷口洋幸／石田仁／釜野さおり／河口和也／堀江有里、「日本におけるクィア・スタディーズの構築」研究グループ編「全国自治体における性自認・性的指向に関連する施策調査（２０１６（平成28）年4月～7月実施）報告書」日本学術振興会科学研究費助成事業二〇一三年度・二〇一六年度採択課題（基盤研究（B）課題番号25283018「日本におけるクィア・スタディーズの構築」）、二〇一七年

(29) 同報告書二七ページ
(30) 前掲『ダイバーシティとマーケティング』七五ページ
(31) 同書七五―七六、二二〇―二二四ページ
(32) 同性婚人権救済弁護団編『同性婚 だれもが自由に結婚する権利』明石書店、二〇一六年

論点1　多文化共生がヘイトを超えるために

塩原良和

「日本人／外国人」の二分法と多様性の隠蔽

二〇一八年十二月の出入国管理及び難民認定法（入管法）改正によって、在留資格「特定技能」が一九年四月から導入された。それに伴い、特定技能労働者を含む外国人労働者／住民全般への支援の拡充を目指す「外国人材の受入れ・共生のための総合的対応策」（法務省）が策定・実施されている。この「外国人（材）との共生」は、総務省を中心に従来から展開されてきた「多文化共生」理念・施策と連続性がある。では、それは外国人住民の社会的包摂に向けた取り組みとして、在日外国人へのヘイトスピーチに象徴される排外主義の潮流への歯止めになりうるのか。

そもそも、多文化共生の論理には従来から批判があった[1]。一九九〇年代半ばまでの多文化共生理念は、異文化理解／コミュニケーションに偏重する傾向があった[2]。それに対して、二〇〇六年三月に総務省が公表した『多文化共生の推進に関する研究会報告書』では、地域における多文化共生を「国籍や民族などの異なる人々が、互いの文化的ちがいを認め合い、対等な関係を築こうとしながら、地域社会の構成員として共に生きていくこと[3]」と定義し、外国人住民を

「生活者・地域住民」として捉えて「支援」する必要性を提起した。これが現在でも、日本政府の多文化共生の定義として頻繁に参照されている。二〇年八月に総務省が作成した同名の報告書も、〇六年の定義を踏襲している。[4]

この定義に含まれる「国籍や民族などの異なる人々が」という文言は、その後の施策では「日本人と外国人が」と解釈されてきた。そして「外国人」を「日本人」と異なる文化をもつ人々として明確に区別する、文化本質主義的な二分法が確立されていった。[5] その結果、多様であるはずの外国人住民が同質的な集団として表象され、他方では、帰化者、国際結婚家庭とその子ども(「ハーフ」)、先住民族としてのアイヌや琉球・沖縄の人々などが「日本人」とひとくくりにされた。こうして、日本人は同質的な「単一民族」だという固定観念と「多文化共生」理念は併存することになった。そして、外国人住民が直面する困難の原因を個人・集団間の「文化の違い」とコミュニケーション不足に短絡し、経済的・社会的な不平等の存在を軽視・無視する傾向も、根強く残ることになった。[6]

「対等な関係」を目指したパターナリズム

二〇〇六年総務省報告書の多文化共生の定義にある「対等な関係」の構築も、あくまでもこの日本人/外国人の二分法を前提にしていた。〇六年の報告書に基づいて総務省が同年に策定した「地域における多文化共生推進プラン」でも、日本人と外国人の「対等な関係」の構築を目指した支援策の策定が地方自治体に求められた。だが、この「対等な関係」が意味したのは、外国人住民に日本人と同等の権利を保障することではなかった。実際の施策で強調されたのは、外国人が行政に依存せず、地域社会で「自立」して生活できるようになるための「支援」であった。逆にいえば、日本で困難に直面している外国人住民は「自立できていない」から「支援してあげる」必要があることになる。こうして「外国人が自立できるように」「日本人が支援してあげる」という「自立支援としてのパターナリズム」の論理が、多文化共生の理念に暗黙の想定として組み込まれた。

このパターナリズムを前提とするがために、多文化共生施策には定住外国人の権利や主体性、とりわけ文化的権利を保障する要素が希薄である。たしかに二〇〇六年の総務省の文書での多文化共生の定義には、日本人と外国人が「互いの文化的ちがいを認め合」うことを目指す、という文言もあった。これは一見、文化的差異を承認する多文化主義の理念である。しかし実際には、事実上の移民としての外国人住民の言語的・文化的差異を「権利」として保障・奨励する施策は、二〇二一年現在に至るまでほとんどおこなわれてこなかった。

例えば、二〇〇六年に外国人労働者問題関係省庁連絡会議が制定した「「生活者としての外国人」に関する総合的対応策」は、政府が果たすべき役割を「［外国人が：引用者注］社会の一員として日本人と同様の公共サービスを享受し生活できるような環境（傍点は引用者）」を整備することだとした[7]。そして「外国人の子どもの教育の充実」をうたい、施策を列挙した。しかし、そこで強調しているのは子どもへの日本語教育の推進であり、親の言語・文化を子どもに継承する施策は皆無だった。こうした傾向は、リーマン・ショック（二〇〇八年）以後に顕在化した、南米日系人の子どもが置かれた苦境への支援策でも同様だった[8]。その延長線上に、一九年六月に成立した日本語教育推進法がある。もちろん、外国人住民への日本語教育支援は必要である。だが日本語教育支援だけが突出して重視される傾向は、政府の多文化共生が目指すのは外国人の言語的・文化的差異の承認ではなく、外国人が「日本人と同様に」日本で生活できるように「日本の言語・文化を教える」ことだ、ということを暗黙裡に示している。

多文化共生2.0と「共生のための排除」

二〇一〇年代に入ると、日本政府はいわゆる単純労働者を受け入れない方針を堅持しながら、「高度外国人材」を積極的に受け入れる制度を整備した[9]。多文化共生施策でも、外国人住民がもたらす経済的・社会的メリットを強調する傾向が強まった。それに伴い、外国人住民を支援の対象と見なすパターナリズムが、一部では修正されるようになった。一七年に総務省から発行された『多文化共生事例集』では、外国人を「支援される側」と捉えた従来の姿勢を反省し、「外国人住民の持つ多様性を資源として地域活性化やグローバル化に活かしていく[10]」ことが強調された。こうした発想は、ヨーロッパの「インターカルチュラル・シティ」概念の影響を受けたものである。外国人集住都市会議の中心自治体である静岡県浜松市の『第2次浜松市多文化共生都市ビジョン』(二〇一八年)や、東京都の『東京都多文化共生推進指針』(二〇一六年)、神奈川県の『かながわ国際施策推進指針(第4版)』(二〇一七年)にも、同様の発想がうかがえる。この潮流は、「多文化共生2.0」とも呼ばれる[11]。二〇年九月に改訂された総務省の「地域における多文化共生推進プラン」にも、こうした発想に基づく記述が盛り込まれた。

　外国人を経済的国益に資する「人材」と見なす発想は、二〇一八年の入管法改正と総合的対応策の呼び水になった『経済財政運営と改革の基本方針2018』（『骨太方針2018』）にもみられた。そこでは、人手不足の深刻化を理由に「移民政策とは異なるものとして」の外国人材の受け入れ拡大が提起された。そして、「外国人が円滑に共生できるような社会の実現に向けて取り組む[12]（傍点は引用者）」とされた。この一文では、「共生できる」の主語が「外国人」になっている。パターナリズムからの脱却が強調された「多文化共生2.0」の論理とは異なり、『骨太方針2018』の文言には、外国人は共生できるように努力しなければならない、といったニュアンスがある。それは一八年の総合的対応策で、共生社会の実現には日本人の努力だけではなく「外国人もまた、共生の理念を理解し、日本の風土・文化を理解するように努めていくことが重要である[13]」という、外国人住民の自己責任の論理として明記された。日本社会や経済に貢献するために、「外国人材」には自己責任によって日本社会で「日本人と同様に」生活できるよう「円滑に」適応することが求められているのだ。

　それに加えて二〇一八年の総合的対応策では、従来の多文化共生施策には含まれなかった「排除」の論理が強調された。まず、「留学目的と偽って就労をする者（いわゆる「偽装留学生」）」を含む「不法滞在事犯」「偽装滞在事犯」の取り締まりの強化、そして「濫用・誤用的な難民認定申請（いわゆる「偽装難民」）」の抑制がうたわれた[14]。もちろん、非正規滞在者の取り締まり強化や難民申請者への厳格な対応は、いまに始まったことではない[15]。しかし、それが

「共生」施策の一部として語られることはこれまでなかった。ここで「共生」と「排除」という相矛盾する要素を両立させるのは、排除が共生をもたらすという論理である。つまり、経済的・社会的メリットをもたらす外国人との共生という社会秩序を実現するためには、コストと脅威をもたらす外国人を積極的に排除しなければならない、とされる。

また二〇一八年の総合的対応策は、社会保険料や税金を滞納した外国人に在留期間の延長や在留資格の変更の不許可を含む、厳格な措置をとることを表明した。しかも特定技能労働者を当面の対象にしながら、その他の在留資格の外国人に対しても同様の対応を検討するとされた(16)。従来「日本に住む外国人も、住民・労働者として納税している」という事実が、外国人に対する公的な社会保障サービスの提供や地方自治への参加の推進の根拠になっていた。いまやそれが反転し、税金や社会保険料を納めない外国人は積極的に排除すべきであるという論理になっている。これは、社会福祉が縮小するネオリベラル国家で顕在化しがちな、福祉ショービニズムの論理である。

権利主体としての移民との共生

二〇〇〇年代半ばの多文化共生の公式理念は、権利の主体としての外国人という発想が希薄なまま、日本人/外国人の文化本質主義的二分法を前提に、日本の言語・文化を教えることで彼らの「自立」を支援する論理という暗黙の想定を含んでいた。すなわち、それは当初から「自立」というネオリベラルな規範を潜在させたパターナリズムとしての側面をもっていた。

そのパターナリズムはのちに批判され、外国人の「高度人材」としての有用性・主体性が強調されるようになった。にもかかわらず、多文化共生の理念・施策はその後も外国人住民の権利保障の拡充に向かってはいない。むしろ「自立支援」としての多文化共生だけではなく、日本社会に「自己責任」で適応できる外国人だけを、経済的利益に資する「人材」として受け入れる論理が加わりつつある。そのコインの裏側では、政府にとっての脅威やコストと見なされた外国人を積極的に排除するショービニズムが、「共生」を実現するためだと正当化されている。多文化共生に潜在していたネオリベラルな規範は、排外主義に対する歯止めではなく、むしろ排外主義を助長する論理として顕在化し、多文化共生を変質させている。

もちろん、これまで多文化共生としておこなわれてきた施策や活動を全否定する必要はない。だが「共生」を冠した政策が活発に動いている現在だからこそ、日本の多文化共生理念が外国人の文化的差異の承認とその権利としての保障という観点を欠いていることを認識し、それを改めていくためにいっそうの努力を続けなければならない。そのためにはやはり、彼・彼女らの日本における「移民」としてのシティズンシップを、公式に承認することが必要である。排外主義への歯止めになるオルタナティブな多文化共生理念・施策は、そこから構想されうるだろう。

注

(1) 岩渕功一編著『多文化社会の〈文化〉を問う——共生/コミュニティ/メディア』青弓社、二〇一〇年

(2) 馬渕仁編著『「多文化共生」は可能か——教育における挑戦』勁草書房、二〇一一年、植田晃次/山下仁編著『「共生」の内実——批判的社会言語学からの問いかけ』三元社、二〇〇六年

(3) 総務省『多文化共生の推進に関する研究会報告書——地域における多文化共生の推進に向けて』総務省、二〇〇六年、五ページ

(4) 総務省『多文化共生の推進に関する研究会報告書——地域における多文化共生の更なる推進に向けて』総務省、二〇二〇年。ただし二〇二〇年の報告書では多文化共生の理念を、国際社会の「持続可能な開発目標(SDGs)」における、多様性と包摂性がある社会の実現という目標と結び付けて再解釈している。

(5) 柏崎千佳子「日本のトランスナショナリズムの位相——〈多文化共生〉言説再考」、渡戸一郎/井沢泰樹編著『多民族化社会・日本——〈多文化共生〉の社会的リアリティを問い直す』所収、明石書店、二〇一〇年、二三七—二五五ページ

(6) 樋口直人「多文化共生——政策理念たりうるのか」、髙谷幸編著『移民政策とは何か——日本の現実から考える』所収、人文書院、二〇一九年、一二九—一四四ページ

(7) 外国人労働者問題関係省庁連絡会議「「生活者としての外国人」に関する総合的対応策」内閣官房、二〇〇六年、一ページ

（8）山本直子「「多文化共生」言説の批判的再検討——在日日系ブラジル人第二世代のハイブリディティに着目して」慶應義塾大学大学院社会学研究科社会学専攻博士論文、二〇一九年
（9）塩原良和「グローバル・マルチカルチュラル・ミドルクラスと分断されるシティズンシップ」、駒井洋監修、五十嵐泰正／明石純一編著『「グローバル人材」をめぐる政策と現実』（「移民・ディアスポラ研究」第四巻）所収、明石書店、二〇一五年、二二二—二三七ページ
（10）多文化共生事例集作成ワーキンググループ『多文化共生事例集——多文化共生推進プランから10年 共に拓く地域の未来』総務省、一五八ページ
（11）移民政策学会設立10周年記念論集刊行委員会編『移民政策のフロンティア——日本の歩みと課題を問い直す』明石書店、二〇一八年、一四五ページ
（12）内閣府『経済財政運営と改革の基本方針2018——少子高齢化の克服による持続的な成長経路の実現』内閣府、二〇一八年、二六ページ
（13）法務省「外国人材の受入れ・共生のための総合的対応策」法務省、二〇一八年、一ページ
（14）前掲「外国人材の受入れ・共生のための総合的対応策」二九—三一ページ
（15）Yoshikazu Shiobara, Kohei Kawabata and Joel Matthews eds., *Cultural and Social Division in Contemporary Japan: Rethinking Discourses of Inclusion and Exclusion*, Routledge, 2019.
（16）前掲「外国人材の受入れ・共生のための総合的対応策」二二—二三ページ

［付記］本章は、塩原良和「多文化共生は排外主義を抑制しうるか」（「福音と世界」二〇一九年十二月号、新教出版社）を大幅に加筆・修正したものである。

第3章　移民・多様性・民主主義
——誰による、誰にとっての多文化共生か

髙谷　幸

はじめに

新型コロナウイルス感染症の流行が続く二〇二〇年九月、総務省から「多文化共生推進プラン（改訂）」（以下、改訂プランと表記）が新たに公表された。これは、〇六年に公表された「地域における多文化共生推進プラン」（以下、旧プランと表記）の改訂版にあたる。自治体での多文化共生推進のマスタープランの役割を果たしてきた旧プランの策定から十四年がたち、社会情勢が変化したことを受け、今回、改訂されることになったという。

さて改訂プランは、国連の「持続可能な開発目標（Sustainable Development Goals：ＳＤＧｓ）」に言及しながら、「多様性」と「包摂性」をキーワードとして提示している。そのうえで、「多様性と包摂性のある社会を実現することで、ポストコロナ時代の誰ひとり取り残されることない「新たな日常」の構築につながることも期待される」とも書いている。

このように、改訂プランはポストコロナを意識する一方で、コロナの渦中で移民たちがどのような状況に直面しているかにはまったく触れず、念頭にも置いていないようにみえる。

筆者は、コロナ禍で生活困窮に陥った移民に経済的サポートをするＮＧＯの事業に関わってきた[1]が、そこからみえてきたのは、難民申請者などの仮放免者、非正規雇用で働いていたシングルマザーの移民女性や日系人、帰国できない元技能実習生や留学生など様々な移民の苦境である[2]。彼らの生活基盤は以前から脆弱だったが、そこにコロナ禍が直撃し、瞬く間に生活困窮に陥ってしまった。

しかし移民の人々が置かれているこのような状況に、多文化共生政策はアプローチできていない。それは、改訂プランだけではない。二〇一八年に政府が、外国人労働者の受け入れ拡大を決めたことに伴って出された「外国人材の受け入れ・共生のための総合的対応策」でも同様である。この対応策でも移民が直面している排除、格差や貧困への対応にはほとんど触れていない。

このような政策と実態の溝は、「多文化共生は誰にとってのものなのか」という問いを提起する。後述するように、この「誰にとって」という問いは、「誰による」という問いを抜きに考えることはできない。そこで本章では、改訂プランと自治体の取り組みに焦点を当て、「誰による、誰にとっての多文化共生か」という問いを考察したい。

1　多文化共生をめぐるこれまでの批判

日本では、移民やエスニックマイノリティを対象にする政策は、多文化共生政策として展開されてきた。多文化共生という用語はもともと市民社会や地域で用いられるようになったが、前述の旧プランの策定によって、国レベルの政策用語として採用された。そこでは多文化共生は「国籍や民族などの異なる人々が、互いの文化的ちがいを認め合い、対等な関係を築こうとしながら、地域社会の構成員として共に生きていくこと[3]」と定義されている。

この旧プランは、移民やエスニックマイノリティが地域社会の構成員であるという認識を公式化し、地域社会・自治体レベルでの施策を展開させる効果をもたらしてきた。一方で、多文化共生の定義や政策内容をめぐっては、様々な批判がなされてきた。

まず多文化共生は、差異の尊重に言及しているものの、そうした差異はマイノリティの集団的権利としては承認されていないという批判がある。つまり、日本での多文化共生は、「ちがい」を認め合うことがうたわれてはいるものの、法制度によってそれを保障するというよりも、お互いの心がけや尊重を促すというレベルにとどまっているというのである。

この批判は、欧米で展開されてきた多文化主義と多文化共生の違いを強調する。むろん多文化主義の思想も様々だが、基本的には「反同化」を理念とし、「単一の同質的国民国家というかつてのモデルを拒否する」思想としてまとめられる。[4] そしてこの思想や実践では、エスニシティや人種に基づくマイノリティ集団のアイデンティティの承認と固有の文化の保障が重要な課題になってきた。[5] これに対し、日本の多文化共生は、マイノリティ集団のアイデンティティや文化を公的に承認する取り組みをほとんど含んでこなかった。実際、ウィル・キムリッカらによる国際比較では、リベラルデモクラシー体制をとる調査対象国二十一カ国のうち、日本はデンマークと並んで、移民を対象とする多文化主義政策が存在せず、過去にも存在したことがない国として位置づけられている。[6]

そのため近藤敦は、日本の移民やエスニックマイノリティに関する政策は、多文化主義よりもむしろヨーロッパ諸国の統合政策と比較するほうが有用であると指摘する。[7] ヨーロッパでは、前世紀末頃から多文化主義が文化的な差異を絶対化・固定化し、エスニックマイノリティを社会経済的に脆弱な位置に放置するだけでなく、社会の分断を招いているのではないかという批判がなされるようになった。[8] こうして多文化主義よりも社会経済的な統合の重要性が強調されるようになった。このような流れのなかで、ヨーロッパを中心とするシンクタンク・研究機関、各国の研究者らの協働によって移民統合政策指標（Migrant Integration Policy Index: MIPEX）が作成され、各国政府による移民の統合施策についての比較研究が盛んになっている。二〇二〇年の比較によると日本は、家族結合、永住資格は一定程度保障されているが、移民の基本的権利や機会の平等の保障は十分でなく、特に、反差別や教育、政治参加の政策が弱い。全体としては、ＭＩＰＥＸのスコアは四十七と対象国五十二カ国の平均の五十よりわずかに低い。他の先進諸国と比較すると、政策は「かなり遅れをとっている」と評価され、「統合なき移民」グループに位置づけられている。[9] したがって、たしかに日本の諸政策は統合政策の一面を有しているとはいえるが、決して十分なものではない。むしろ移民の統合政策は国レベルではほとんどなされていないのが現状である。とりわけ西ヨーロッパ諸国が統合政策の柱として導入してきた言語教育については、日本はボランティア教室に依存する地域が多く、十分な取り組みがおこなわれてこなかった。こうした結果、多文化共生は、格差や不平等という社会構造に起因する課題にアプローチできないと批判されてきた。

さらに、多文化共生は、植民地主義の継続への無批判、移民やマイノリティの権利という視点の欠如と自己責任の原則の強調という観点からの批判もなされてきた[10]。

2　多文化共生をめぐる問い――「何」から「誰」へ

これらの批判は、前述の改訂プランにも当てはまり、いまだ解決されていない課題である。同時にこれらは、多文化共生の内容に関わる批判、つまり「多文化共生とは何か」というあるべき理念に基づき、そこから現在の多文化共生の内実の不足を指摘したものといえる。

これに対し、本章で検討したいのは「誰」と「いかに」に関わる問いである。ナンシー・フレイザーは、社会正義をめぐる問いとして「何」「誰」「いかに」という三つの視点を挙げている[11]。つまり社会正義に関しては、それは「何を意味しているのか」「誰が要求しうるのか」「いかに決めるのか」という問いがありうる。フレイザーは、「何」をめぐる問いについては、フェミニズムや多文化主義のインパクトを背景に、再配分に加えて承認の重要性を指摘し、両者の関係性を定式化したことで知られている。[12] これ以降、「再配分」と「承認」は、今日のリベラルな社会で目指すべき重要な二つの社会正義として捉えられるようになった。

しかしその後、フレイザーは、代表というもう一つの次元を提案している。[13] これが、「誰」と「いかに」という問いに関わってくる。つまり社会正義を構想する際、それは「誰」にとっての正義かという点、またその正義や「誰」は「いかに」決定されるのか、という点が重要だと主張する。このうち後者の「いかに」は、決定プロセスに誰がどのような形で関わるのか、という問いである。本章では、これを「誰による」と表記する。つまり本章で検討したいのは、「誰にとっての多文化共生か」と「誰による多文化共生か」という二つの問いである。

これら二つの「誰」をめぐる問いは、これまで様々な議論が繰り広げられてきた「多文化共生とは何（であるべき）か」に対するメタレベルの問いである。[14] というのも「誰」に関わる問いは、「何」に関わる問いが問われる場自体を設定するからである。例えば、多文化共生が不平等の是正のための再配分や文化的差異の承認を求める理念であるとしても、その再配分は誰の間でなされるべきなのか、あるいは差異の承認はどの範囲の人々で認められるのか、またそもそも「その「誰」の範囲は誰が決めるのか」という問いに答えることが必要になる。つまり「多文化共生とは何か」という問いは、「多文化共生とは誰にとっての共生か」「誰による多文化共生か」という問いを前提とする。言い換えれば、「誰」をめぐる問いは、「何」をめぐる問いに関わる成員の基準を設定し、「何」をめぐる問いが及ぶ範囲を画定するものなのである。

フレイザーは、このような「誰」の画定を「フレーム設定」と呼び、「成員と非成員を一刀両断」する「もっとも重大な政治的決定のひとつ」だと指摘する。彼女によると、この「フレーム設定」は、人々が直面する不正義に対応するのは国家であるという前提に基づき、国民国家の境界と同一視されてきた。しかしグローバル化に伴い、社会的な不正義の多く――気候変動に伴う島嶼国の被害、多国籍企業による途上国での搾取など――も、国境を超えたものになっている。こうしたトランスナショナルな不正義の解決にあたっては、既存の国民国家と同一視されたフレームは、政治空間をいびつに分割することによってかえって障害になるという。というのもこうした不正義の被害者の声は、国家単位の政治では加害者に届きにくいからである。

ここでフレイザーが主に念頭に置いているのは、トランスナショナルな社会的不正義であり、多文化共生という国内の課題とは異なるようにみえるかもしれない。しかし、「何」に関わる問題の前提として、「誰」や「いかに」という問いがあるというフレイザーの指摘は、多文化共生の課題を検討するにあたっても重要である。なぜなら、多文化共生も特定の「フレーム設定」を前提にしているからである。

また、この「誰」をめぐる「フレーム設定」の境界は常に固定されたものではない。[15]とするならば、この境界を「誰が」決定するのかという点も問われる必要がある。すなわち「フレーム設定」のプロセスで、誰がどのような形で発言権を確保されるのかという点も問われなければならない。この点について、フレイザーは「正義の「誰」を構成するのに参加する権利を主張」することは、「「誰」を決定するさいの一般的な手続きとされる「いかに」」の変革でもあることを指摘する。[16]言い換えれば、「多文化共生とは何か」「誰にとっての多文化共生か」という問いは、どちらもそれらを「いかに＝誰によって」決定するのか、という決定プロセスの民主化をめぐる課題に結び付いている。「誰にとっての多文化共生か」という問いを考える際には、「誰」がその問いをめぐる議論に参加し、発言し、耳を傾けてもらえるかもあわせて考える必要があるのだ。

以上のように、「誰にとっての」と「誰による」という問いを念頭に置きながら、改訂プランと実際の自治体の取り組みについて検討してみよう。

3　誰にとっての多文化共生か

「住民」から排除される移民

本節では、まず「誰にとっての多文化共生か」という問いを考えてみよう。多文化共生は、前述のように、多様な人々が「対等な関係を築こうとしながら、地域社会の構成員として共に生きていくこと」と定義されている。ここでは、多文化共生に関与するアクターは、「地域社会の構成員」、言い換えれば、当該地域に暮らす「住民」と想定されているといえるだろう。実際、旧プランに先立って出され、その基礎づけになった「多文化共生の推進に関する研究会報告書」では、「外国人の定住化が進む現在、（略）生活者・地域住民として認識する視点が（略）求められて」[17]いるという認識が示されていた。ここからわかるように、多文化共生は、外国人や移民を「生活者」や「住民」として捉えようとする視点に基づいている。

　このような「生活者」や「住民」というカテゴリーは、外国人・移民が、「労働者」としてしか捉えられなかったり、あるいは地域社会の「外部者」や「よそ者」として位置づけられがちなことに対し、批判的な視点を提供し、地域に暮らす側面をクローズアップする意義を有してきた。

　しかし、当該地域に暮らすすべての移民が、「住民」として捉えられているわけではない。特に二〇一二年に「住民基本台帳の一部を改正する法律」（改正住民基本台帳法）が施行され、そのなかで法的に定義された「外国人住民」だけが住民基本台帳の適用対象になってからは、この「外国人住民」が住民と等値されるようになった。もちろん「外国人住民」が日本人と同様に、住民基本台帳に記載されるようになったこと自体は、彼らも地域社会の構成員と認めるための制度的基盤の確立として評価できる。だが、その対象になった「外国人住民」は、在留資格があり、その在留期間が九十日を超える外国人に限定され、難民申請者をはじめとする仮放免者を含む非正規滞在者や、在留期間が三カ月以下の移民はそこから排除された。彼らは、その地域で生活を営んでいたとしても、住民基本台帳に記載されず、法的な「外国人住民」とは認められないとされたのである。つまり「外国人住民」というカテゴリーの創設は、実際にその地で暮らす住民の間に、住民登録の有無という法に基づく分断を持ち込んだ。

　実際、この分断の影響は大きかった。これ以降、周縁的ではあっても自治体によっては柔軟に対応していた非正規滞在者などに対する住民サービスが認められないことも多くなった。そしてこの定義の排他性があらためて浮き彫りになったのが、コロナ禍のなかで政府が支給を決めた特別定額給付金である。この給付金は、二〇二〇年四月二十七日時点で住民登録をしている人が対象とされた。この結果、住民登録できない非正規滞在者に加え、契約が終了して在留期間が切れたり短期の在留資格に変更されたりした元技能実習生など、移民のなかでも最も脆弱な立場に置かれた人々がそこから外れることになった。

このように、「外国人住民」という法的定義の創設と彼らの住民基本台帳への記載は、台帳に記載される「外国人住民」を住民として、地域社会の構成員として処遇する基盤になった一方で、非正規滞在者や短期滞在者など、その地域で暮らしているにもかかわらず、「住民」とは認められない人々を生み出すことになった。

「住民」＝「生活者」というカテゴリーによる非定住移民の不可視化

前項では、「外国人住民」という法的カテゴリーから排除された人々の存在を指摘した。しかし「住民」からの排除は、こうした法によるものだけではない。というのも法律上は、「外国人住民」に含まれながらも、実質的には周縁化されがちな移民もいるからである。この問題は、前述のように、移民や外国人を「生活者」として捉える多文化共生の視点に関わっている。この「生活者」の強調は、地域に暮らす住民としての視点を強調する一方で、労働者として直面する課題をみえにくくするという問題がこれまでにも指摘されてきた。(18)同時に、「生活者」という規定は、その地域への定住を前提としていて、結果として、技能実習生のような定住を禁じられた移民を不可視化し、多文化共生の対象になりにくい存在へと追いやりがちである。というのも彼らの日本滞在は、雇用契約がある限りで認められ、また最大でも五年に限られているからである。

こうした規制によって、技能実習生は、生活面でも様々な制約を受けるほか、福祉や就労の制度からも排除・周縁化されている。具体的には、転職が原則認められておらず、失業した場合、失業保険を受給しながら求職することは容易ではない。また、そもそも生活保護は認められていない。さらに、「失踪」防止を名目に、企業や監理団体からパスポートを取り上げられたり、同国人との付き合いなどを禁止されたりするケースもあとを絶たない。加えて家族帯同が認められていないため、子育てや家族生活を営むこともできない。これらの制限に、滞在期間の上限設定が合わさり、地域での社会関係の構築や社会参画も限定されがちである。

このように、技能実習生の場合、法制度によって「生活者」としての側面はかぎりなく制約されていて、結果として、その存在は地域からもみえにくいものになっている。しかしこうした技能実習生の状況に対し、改訂プランは、就業環境の整備に触れているほかは特に言及していない。むしろ彼らの構造上の位置は、政策の前提として問われないままになっている。一方で、技能実習生の数は急増していて、都道府県によってはそこに暮らす外国籍者の半数以上が技能実習生という地域も珍しくなくなっている。[19]にもかかわらず、「生活者」を強調する多文化共生政策は、技能実習生のように「生活者」としての側面が制約された非定住の移民に、十分なアプローチができていないのである。

4　移民にとっての多文化共生か、地域にとっての多文化共生か

前節まででみたような、移民の排除や不可視化に加えて、多文化共生は人々の差異については「文化的ちがい」しか言及しておらず、それ以外の差異については触れていないという問題がある。しかし現実には、差異には様々な次元がある。またそのなかでも、文化的差異のように保持したほうがいい差異もあれば、社会経済的な不平等のように解消されるべき差異もある。

さらに、地域での暮らしに直結する価値観や利害をめぐる差異については、誰の利害が優先されるべきか、つまり「誰にとっての多文化共生か」という問いがあらためて浮上する。[20]これは決して机上の空論ではない。例えば、改訂プランでは、「地域において多文化共生施策を推進する意義」として複数の項目を挙げているが、そのなかには潜在的に対立するものもある。ここでは、旧プランから含まれている「外国人住民の人権保障」と今回新たに加えられた「受入れ環境の整備による都市部に集中しないかたちでの外国人材受入れの実現[21]」の二項目について考えてみよう。

後者の項目は、二〇一八年の出入国管理及び難民認定法（入管法）改正による「特定技能」の創設をめぐって浮上した論点である。というのも特定技能労働者は、技能実習生と異なり、一定の範囲での転職が認められたからである。これは、労働者の権利保障という観点からは一歩前進だったが、技能実習生によって地域の産業の人手不足を補ってきた自治体からは懸念の声が上がった。[22]す

なわち、転職が認められることによって、特定技能労働者は労働条件がよい都市部に移動してしまい、地域の人手不足対応にはならない可能性があるというわけである。こうした自治体の懸念が、改訂プランにも盛り込まれたと考えられる。

もちろん「受入れ環境の整備」がどのようなものになるかはわからないが、場合によっては、特定技能労働者の移動や転職の自由という権利の制限につながりかねない。これは、「都市部に集中しないかたちでの外国人材受入れの実現」と特定技能労働者という「外国人住民の人権保障」という二項目が潜在的には対立する可能性があることを示している。これはまた、「移民にとっての多文化共生」と「地域にとっての多文化共生」が異なるものでありうるということを示している。

クリスチャン・ヨプケは、欧米諸国で多文化主義にかわる表現の一つとして多様性が使われるようになっている状況に言及しながら、多文化主義と多様性では、正当化の論理が異なることに注意を促している。[23] すなわち多文化主義は、黒人に対する積極的差別是正措置（アファーマティブ・アクション）のように、過去に不正義を受けたマイノリティ集団に対する補償や彼らの権利保障の側面をもっていた。これに対し、多様性は、企業の生産性向上に必要、というように、特定の目標を実現する際の効率的な手段として評価されることが多い。これと同様に、多様性に言及した改訂プランの多文化共生においても、少子高齢化する地域の維持や活性化の手段としての側面が強調されればされるほど、脆弱な位置に置かれた移民の人権保障という観点は後景に退いているように思われる。

5　誰による多文化共生か

さらに、前節で言及したような、利害や価値観の対立をどう調停するかについて考えてみよう。改訂プランではその点について触れていないが、多文化共生が「ともに生きていくこと」であるとするならば、そこに関与するアクターの民主的な議論によって調停するほかないだろう。こうして「誰による多文化共生か」という問いが浮上する。そしてこの問いは、とりわけ移民やエスニックマイノリティの政治参加という課題につながっている。

宮島喬は、定住移民の「参加」を測る指標として、①経済領域への安定的な参加、②生活保障システムへの包摂、③行政サービスからの受益、④学校教育への参加と達成、⑤地域集団への参加などを通じての要求や意思の表出と地域の決定メカニズムへの影響の行使を挙げている[24]。そのうえで、⑤の社会・政治参加は、移民を単に「行政サービスの対象」や「助けるべき存在」としてではなく、「参加し発言する主体」として位置づける意義をもつと指摘する。つまり社会・政治参加は、移民やエスニックマイノリティが、能動的な主体として地域社会に関与する回路を保障するものなのである。

こうした、地域社会への政治参加を保障する制度については、日本では、在日コリアンらによる要求や、一九八〇年代以降に来日した移民の定住化が進むなかで、九〇年代頃から議論されるよう

委員	委員の公募の有無
有識者、知事による委嘱	なし
住民基本台帳に記録されている者のうち、日本国籍を有しないもの。ただし、難民については、日本国籍取得者を含む	公募
外国人団体、県内市町村団体、県内国際交流団体などの構成員のうち団体等の推薦する者および県関係部局職員、学識経験者など	なし
外国人および日本人の学識経験者、NGO などから依頼（多様な分野に配慮。規定はないが、外国人・外国ルールの方を含む）	なし
外国籍の県民および外国文化を背景にもつ者	公募
多文化共生社会の形成の推進に関して優れた識見を有する方から、国籍、民族等の多様性の確保に配慮し任命。	なし
外国人および外国文化を背景にもつ日本人	一部公募
多文化共生に関わりがある多様な主体（市町、国際交流協会、市民活動団体、教育機関、経済団体、県民など）から依頼	なし
関係機関等（国機関、県関係、市町村、外部機関・団体など代表者）から依頼（現在、構成員33人中外国人住民代表者は2人）	なし
学識経験者、外国人住民、NPO 団体、企業、市町村などの委員	なし
経済団体、学識者、外国人県民など、各界の有識者 外国人県民については現在は、国籍上位３カ国（ブラジル、フィリピン、中国）出身者およびムスリム県民から各１人	なし
学識経験者、外国籍者の公募	半分公募
関係団体、国および国関係機関、市町村、県	なし

表1　都道府県と政令指定都市における移民に関する会議と政治参加

自治体名	会議名	設置年	設置目的
大阪府	大阪府在日外国人問題有識者会議	1992	定住生活を営んでいる外国人に関わる諸課題について、府が取り組むべき施策にかかる意見を幅広く求めるため
東京都①	外国人都民会議	1997（2000廃止）	
神奈川県	外国人籍県民かながわ会議	1998	外国籍県民の県政参加を推進し、外国籍県民が自らに関する諸問題を検討する場を確保。ともに生きる地域社会づくりへの参画を進める
兵庫県	外国人県民共生会議	1999	共生社会の実現を推進するため、外国人県民に関わる諸課題について行政と外国人県民などが協議するため
東京都②	多文化共生推進委員会	2001	外国人も住みやすく、活躍できるまちにするための重要な課題について検討するため
愛知県	外国人県民あいち会議	2002	外国人県民から地域社会（多文化共生社会）づくりについて意見や提案を聴く場を確保 愛知県がおこなう多文化共生推進施策に活かす
宮城県	多文化共生社会推進審議会	2007	多文化共生社会の形成の推進に関する重要事項を調査審議
岐阜県①	岐阜県外国人県民会議	2007	外国人県民の意見を県の施策に反映させるとともに、多文化共生推進の意識啓発をおこなう
三重県①	三重県多文化共生推進会議	2007	三重県における多文化共生社会づくりを推進するため、多様な主体から県の施策に対して意見を求めること、およびネットワークの構築に寄与すること
山梨県	やまなし多文化共生推進協議会	2007	「やまなし多文化共生推進指針」に基づき行政機関や関係団体等の多様な主体がおこなう取り組みについて、連携・協働により推進
埼玉県	埼玉県多文化共生推進会議	2008	県の多文化共生施策の推進
静岡県	静岡県多文化共生審議会	2009	県の多文化共生推進基本計画施策やその実施状況、推進について調査審議および意見を述べること
京都府	京都府外国籍府民共生施策懇談会	2008	外国籍府民に関する諸問題や取り組むべき課題について意見を求め、施策実施の参考とするため
長野県	多文化共生推進連絡会議	2009	関係団体と国、県、市町村の行政機関が情報交換や意見交換を通じて連携を強化し、多文化共生社会の実現に向けてそれぞれの役割を果たすことができること

委員	委員の公募の有無
各分野の有識者など（現在は外国ルーツの構成員含んでいる）	なし
市町や関係団体などから候補者の推薦を受け、出身国・国籍や居住地に偏りが出ないように調整したうえで委員就任を依頼	一部公募
県、外国人住民集住自治体、労働、防災など各分野の専門家、学識経験者、多文化共生推進士、アジア系、南米系のそれぞれ外国人住民キーパーソン	なし
有識者。知事による委嘱	なし
川崎市に1年以上住民登録している外国人市民	公募
京都に在住、通学・通勤する市民 公募委員と指名委員に分かれている。指名委員は多文化に関する学識研究者および現場で活動している方	半分公募（ただし公募は外国人・外国にルーツをもつ人には限らず）
多文化共生に関して優れた識見を有する者、関係団体を代表する者、外国籍を有する者などであって、市内に1年以上連続して居住する者（現在日本国籍4人、外国籍10人、外国ルーツの日本籍2人）	一部公募
公募委員は、広島市の住民基本台帳に記録された外国人および外国出身者から選考。それ以外は、本市における外国人市民の人口構成や、出身国の地域のバランスなどを考慮し推薦または指名（日本人委員を含む）	一部公募
神戸市内の外国人コミュニティ関係者および神戸在住・在勤の学識経験者から委嘱。前者については、市内在住外国人のうち、特に出身者の多い国籍・地域の代表的な市内外国人コミュニティについて特定の国籍・地域に偏ることがないよう選定	なし
千葉市内に在住、在勤、在学の、外国人または外国出身者で、懇談会に参加可能な程度の日本語能力を有していること。毎回15人程度	公募

自治体名	会議名	設置年	設置目的
岐阜県②	岐阜県多文化共生推進会議	2016	多文化共生を推進するため、各分野の有識者などに対し、それぞれの立場から意見を聴取する
三重県②	三重県外国人住民会議	2016	多文化共生社会づくりを推進するため、外国人住民が地域住民の一員としての認識をもち、責任を果たしていく土壌をつくるとともに、外国人住民の意見を取り組みに反映させる
群馬県	群馬県多文化共生推進会議	2017	外国人住民の活躍を地域の活性化へとつなげる、県の多文化共生の現状や施策および各種の関連情報などの発信、多文化共生に関する県民の意識向上、多文化共生社会の形成の推進
石川県	石川県国際化推進委員会	2008	世界に開かれた地域づくりを目指すため、県が取り組むべき課題や施策について、専門的見地から意見交換
大阪市	大阪市外国籍住民施策有識者会議	1994（2014廃止）	
川崎市	川崎市外国人人市民代表者会議	1996	外国人市民の市政参加を推進し、相互に理解しあい、ともに生きる地域社会の形成に寄与すること
京都市	京都市多文化施策審議会	1998	多文化共生に関する取り組みについて意見を求めるため外国籍・外国に文化的背景をもつすべての人が暮らしやすいまちづくりについて議論
静岡市	多文化共生協議会	1999	外国人住民が自らの生活に関する諸問題について検討する場を確保して、地域社会の一員として市政に意見を反映する機会をつくるため
広島市	広島市多文化共生市民会議	2001	外国人市民の市政参加を促進し、市民と行政、外国人市民と日本人市民の協働による多文化共生のまちづくりを推進するため
神戸市	神戸市外国人市民会議	2003	外国人市民の市政への参画を推進し、およびともに生きる社会を築いていくに当たり、外国人市民の市政についての意見、提案などを聴くこと
千葉市	千葉市外国人市民懇談会	2005	市内に住む外国人から、市政に関する意見を聴取するため

委員	委員の公募の有無
区の区域内に住所を有する者で、公募によって選出された者、その他市長が必要と認める者。公募は外国籍に限っているわけではないが、応募してきたのは外国籍もしくは外国ルーツの方	公募（ファシリテーター以外）
岡山市内に住民票のある外国人市民	公募
公募による市民・そのほか市長が必要と認める者	公募
市内在住および在勤の外国籍の市民もしくは外国文化を背景にもつ市民(帰化により日本国籍を取得した者など)	公募
10人以内の公募によって選出された本市に在住している満20歳以上の外国人市民と、多文化共生や国際交流に見識がある者1人	公募（1人以外）

になった。ここでは外国人地方参政権と外国人会議についてみてみよう。

まず前者については、一九九五年には、最高裁判所が外国人地方参政権について「憲法上禁止されるものではない」と許容の判断を示した。それを受けて国会で何度も法改正が準備されたが、東アジアの国家間対立の文脈に位置づけられて政治化され、二〇一〇年代以降は政治的議題としてほとんど消滅してしまった。[25]

一方、外国人会議については、一九九六年に神奈川県川崎市が設立した川崎市外国人市民代表者会議が、それ以前にあった大阪市の有識者会議と異なり、委員を公募することで外国人市民に広く応募の機会を保障している点や条例に基づく点などの面で画期的とされ注目を集めた。[26] その後、ほかの自治体でも同様の会議が設置されるようになった（表1を参照）。二〇〇〇年代に入り、東京都や大阪府では、保守派の首長の意向によって外国人都民会議や有識者会議が廃止された。しかしそれらの例外を除けば、外国人会議は、地方参

自治体名	会議名	設置年	設置目的
新潟市	新潟市区外国籍市民懇談会	2005（2015年以降休止）	外国籍市民の人権や生活に関する問題について意見交換をおこない、多文化共生社会づくりと外国籍市民にとっても住みよいまちづくり推進のため
岡山市	岡山市外国人市民会議	2005	地域社会の構成員である外国人市民の生活上の諸問題および多文化共生社会の実現に関する必要事項について調査審議するため
さいたま市	さいたま市外国人市民委員会	2006	多文化共生社会推進に向けて、外国人市民等から意見をまとめ提言するため
名古屋市	名古屋市外国人市民懇談会	2012	多文化共生施策について、外国人市民から意見・ニーズなどを把握する機会
北九州市	北九州市外国人市民懇話会	2012	外国人市民が安心して暮らすことができる多文化共生のまちづくりを推進するため、外国人市民が抱える生活上の諸問題を把握するとともに、本市が取り組むべき多文化共生施策の課題などについて意見を求める

注：2020年10月現在。名称は設立時と変更している場合がある

政権と異なり自治体の判断で設立できることや会議の決定が拘束力をもたないこともあって、政治化されずに導入が進められたといえるだろう[27]。とはいえ公募による会議を設けているのは、五都道府県、十政令指定都市に限られている。

同時に、こうした外国人会議は、旧プランや改訂プランでは言及されていない。一方、旧プランによって多文化共生の推進が打ち出されて以降に設置されるようになった多文化共生を冠した会議では、外国人の市政参加を目的に掲げず、また自治体によっては外国人や外国にルーツをもつ委員がいない、もしくは彼らの参加について規定を設けていないところも少なくない。

もちろん旧プランでは「外国人住民の自立と社会参画」、改訂プランでは「外国人住民の社会参画支援」という項目が掲げられているように、参加（参画）は、多文化共生政策の課題の一つとしては認識されている。しかし政治参加（参画）という表現は決して用いられず、また具体的な取り組みとしても、審議会など「外

国人住民の意見を地域の施策に反映させる仕組みの導入」が言及されているほかは、政治的な決定過程に参加する機会については言及されていない。むしろ旧プラン・改訂プランでの社会参画は、脱政治化された参加を想定しているようにみえる。

以上のように、多文化共生の推進という曖昧な目的のもとでは、外国人に対する政治参加の保障の必要性は共通認識になっていない。独自の判断で外国人会議を設置している自治体は少数派であり、多くは、彼らが多文化共生について意見を述べたり、取り組みに関わる回路さえ設けていない。つまり多くの場合、「誰による多文化共生か」という問いの「誰」に移民は含まれていないのである。

おわりに——民主主義プロジェクトとしての多文化共生は可能か

本章では、総務省の「多文化共生推進プラン（改訂）」と自治体の取り組みを対象に「誰にとっての多文化共生か」「誰による多文化共生か」という問いを検討してきた。これまで多文化共生についての議論は、その内容すなわち「何」という水準での批判が多かった。これに対し、本章では「誰にとって」と「誰による」という問いに焦点を当てた。多文化共生は、移民を地域社会の構成員として認め、多様な人々が「ともに暮らす」政策として打ち出されたが、現実にはすべての移民が含まれているわけではない。すなわち「住民」の法的な定義の創設や「生活者」というカテゴリーの強調によって、その地域に暮らしているにもかかわらず排除・周縁化される移民がいる。また地域が一枚岩に捉えられているため、「地域にとっての多文化共生」と「移民にとっての多文化共生」が対立する可能性については考慮されておらず、そうした対立が生じた際にどのように調停するかも不明である。

しかし多文化共生が、そこに暮らす多様な人々が地域社会の構成員として関わる地域作りであるならば、それは「地域住民の、地域住民による、地域住民にとっての民主主義」の実践にほかならない。とするならば、移民が地域民主主義への参加から排除されている現実を直視し、当該地域に暮らすあらゆる人々がその実践に参加できる機会を保障することが重要ではないだろうか。

注

（1）NPO法人移住者と連帯する全国ネットワーク（移住連）「移民・難民緊急支援基金」には、申請のチェックや承認をおこなうワーキングチームメンバーとして関わった。また反貧困ネットワーク「緊急ささえあい基金」についても、移民支援団体からの申請の仲介を一部手伝った。

（2）髙谷幸「コロナ禍が浮き彫りにした移民の脆弱性」、アジア・太平洋人権情報センター編「国際人権ひろば」第百五十三号、アジア・太平洋人権情報センター、二〇二〇年

（3）総務省「多文化共生の推進に関する研究会報告書――地域における多文化共生の推進に向けて」総務省、二〇〇六年（https://www.soumu.go.jp/kokusai/pdf/sonota_b5.pdf）［二〇二一年一月二十一日

アクセス］

（4）ウィル・キムリッカ『多文化主義のゆくえ――国際化をめぐる苦闘』稲田恭明／施光恒訳（サピエンティア）、法政大学出版局、二〇一八年、六七ページ

（5）アイリス・マリオン・ヤング『正義と差異の政治』飯田文雄／苅田真司／田村哲樹監訳、河村真美／山田祥子訳（サピエンティア）、法政大学出版局、二〇二〇年、チャールズ・テイラー「承認をめぐる政治」、チャールズ・テイラー／スーザン・ウルフ／スティーヴン・C・ロックフェラー／マイケル・ウォルツァー／ユルゲン・ハーバーマス／K・アンソニー・アッピア、エイミー・ガットマン編『マルチカルチュラリズム』所収、佐々木毅／辻康夫／向山恭一訳、岩波書店、一九九六年

（6）前掲『多文化主義のゆくえ』、"Multiculturalism Policy Index" (http://www.queensu.ca/mcp/) ［二〇二〇年二月十日アクセス］。ただし地域レベルでみれば、大阪をはじめとする関西地域の一部の公立小・中学校では、在日コリアンらが、継承語・継承文化としてコリアの言葉や文化を学ぶ「民族学級」が歴史的に設置されてきた。

（7）近藤敦『多文化共生と人権――諸外国の「移民」と日本の「外国人」』明石書店、二〇一九年、四三ページ

（8）Christian Joppke and Ewa Morawska eds., *Toward Assimilation and Citizenship: Immigrants in Liberal Nation-States*, Palgrave Macmillan, 2003.

（9）"Migrant Integration Policy Index 2020" (https://www.mipex.eu/japan) ［二〇二一年一月二十一日アクセス］

（10）Yoshikazu Shiobara, "Genealogy of *tabunka kyosei*: A Critical Analysis of the Reformation of the Multicultural Co-living Discourse in Japan," *International Journal of Japanese Sociology*, 29(1), 2020, pp. 22-38.

（11）ナンシー・フレイザー『正義の秤《スケール》――グローバル化する世界で政治空間を再想像すること』向山恭一訳（サピエンティア）、法政大学出版局、二〇一三年

（12）ナンシー・フレイザー「アイデンティティ・ポリティクスの時代の社会正義――再配分・承認・参加」、ナンシー・フレイザー／アクセル・ホネット『再配分か承認か？――政治哲学論争』所収、加藤泰史監訳、高畑祐人／菊地夏野／舟場保之／中村修一／遠藤寿一／直江清隆訳（叢書・ウニベルシタス）、法政大学出版局、二〇一二年

（13）前掲『正義の秤』

（14）同書

（15）例えば、大阪市が二〇〇四年に策定した「外国籍住民施策基本指針」は外国人学校への支援も含んでいた。しかし一二年に朝鮮学校への補助金が打ち切られた結果、二〇年に策定された「多文化共生指針」からはその項目が削除された。

（16）前掲『正義の秤』

（17）前掲「多文化共生の推進に関する研究会報告書」二〇〇六年

（18）樋口直人「多文化共生――政策理念たりうるのか」、髙谷幸編著『移民政策とは何か――日本の現実から考える』所収、人文書院、二〇一九年、一三六ページ

（19）法務省「在留外国人統計（旧登録外国人統計）統計表」（https://www.e-stat.go.jp/stat-search/files?page=1&query=%E5%9C%A8%E7%95%99%E5%A4%96%E5%9B%BD%E4%BA%BA&sort=tstat_name%20asc&layout=dataset&toukei=00250012&tstat=000001018034&cycle=1&year=20190&month=24101212&stat_infid=000031964914&tclass2val=0&metadata=1&data=1）［二〇二一年一月二十一

日アクセス〕によると、愛媛県、熊本県、鹿児島県、宮崎県の四県で当該県に居住する外国籍者のうち技能実習生の割合が五〇パーセントを超えている。

(20)リリアン・テルミ・ハタノは、そもそも多文化共生は、「マジョリティから発生した言葉」でありマジョリティがマイノリティに自分たちが望むような「共生」のあり方を強いていると批判していた(リリアン・テルミ・ハタノ「在日ブラジル人を取り巻く「多文化共生」の諸問題」、植田晃次/山下仁編著『新装版「共生」の内実――批判的社会言語学からの問いかけ』所収、三元社、二〇一一年)。

(21)多文化共生の推進に関する研究会「多文化共生の推進に関する研究会報告書――地域における多文化共生の更なる推進に向けて」総務省、二〇二〇年(https://www.soumu.go.jp/main_content/000718726.pdf)〔二〇二一年一月二十一日アクセス〕

(22)「働き手「都市集中」懸念」「読売新聞」二〇一八年十一月二十九日付、「最大34万人、具体策欠く外国人受け入れ、新制度案 都市集中、どう回避」「朝日新聞」二〇一八年十二月十四日付

(23)Christian Joppke, *Is Multiculturalism Dead?: Crisis and Persistence in the Constitutional State*, Polity Press, 2017.

(24)宮島喬「外国人市民の参加とその回路」、宮島喬編『外国人市民と政治参加』所収、有信堂高文社、二〇〇〇年、七ページ

(25)樋口直人「東アジア地政学と外国人参政権――日本版デニズンシップをめぐるアポリア」、法政大学社会学部学会編「社会志林」第五十七巻第四号、法政大学社会学部学会、二〇一一年

(26)前掲『外国人市民と政治参加』

(27)同様に、自治体の条例による住民投票で外国籍住民の投票権を認めた例は、少なくとも二百六件にのぼっている(「外国籍住民 投票権ない!」「朝日新聞」〔大阪版〕二〇二〇年十月十日付夕刊)。

第4章　生活保護言説における「日本人」と「外国人」を架橋する

河合優子

はじめに

人気芸人の母親による生活保護利用報道によって「生活保護バッシング」が起きた二〇一二年は、週刊誌の生活保護に関する記事数が突出して多く[1]、テレビのニュースやワイドショー番組で「日本のテレビ史上、生活保護にこれほどの大量の放送枠が割かれたことはかつてない[2]」といわれるほどの報道ラッシュが続いた。この芸人の母親の生活保護利用は法的に不正なものではなかったが、家族の扶養義務が強調され、この芸人は謝罪会見に追い込まれた。このような社会的雰囲気のなかで、同年、エジプト出身のタレントの、外国人が生活保護を利用することは不自然であり帰国すべき、という内容のツイートが話題を集めた。そして一四年、日本で生まれ育った永住外国人が生活保護法の適用対象になるかをめぐって争われた裁判で、適用対象ではないが「行政措置によって事実上の保護対象となり得る」[3]とする最高裁判所判決が出た。これまでも永住権をもつ人々は生活保護法が「準用」されることで利用が可能であり、現状を追認したにすぎなかった。しかし、外国籍の人々には生活保護利用が認められない、という誤った解釈がメディア報道やネット上で拡散した。

近代社会で貧困者は、「中流」という「普通」の生活から逸脱した「「よき国民」たりえない非国民的他者[4]」とされてきた。日本社会では、高度経済成長を経て一九七〇年代に「一億総中流」言説が広まり、貧困者は「問題がある者」「劣った者」として他者化されるだけでなく、階級が不可視化され、貧困が主要な社会問題と認められにくくなった。同時に七〇年代は「日本人論」「日本文化論」の最盛期でもあり、「単一民族社会」言説が定着していった時期とも重なる。[5]「日本文化を実践する人々は日本語を話し、日本列島に代々住んでいた祖先から日本人の「血」を受け継いでいる[6]」とする「日本人」の前提から逸脱するエスニックマイノリティや外国籍の人々は、「外国人」、つまりもう一人の「非国民的他者」として扱われた。そして、日本はそのような日本人だけが住む社会であるという「単一民族神話」によって、そういった人々の存在は日本社会の内部から排除されたのである。

一九九〇年代以降、冷戦の終結で世界のグローバル化と新自由主義化が進み、日本社会でも貧困者と「外国人／エスニックマイノリティ」（以下、「外国人」と表記）が少しずつ可視化されるようになっていったが、排除の影響は残り、他者化は依然として続いている。バブル経済崩壊後、新自由主義的な政策の導入が本格化するなか、経済格差が拡大し、「一億総中流」言説は揺らいでいった。(7)しかし、「自己責任」「自立」「競争」を強調する新自由主義的価値観が社会に浸透し、貧困者は「競争の敗者」として他者化されるとともに、貧困は個人の問題とされ、社会問題としての貧困の不可視化は続いている。そして、グローバル化で日本への移民が増加し、「日本人」の前提から逸脱する人々が可視化されるようになったが、排除を伴う「単一民族社会」言説はまだ根強く残っている。二〇二〇年一月の麻生太郎財務相による「二千年の長きにわたって、一つの国で、一つの場所で、一つの言葉で、一つの民族、一つの天皇という王朝が続いているのはここしかない。いい国だ」(8)という発言がその一例である。

本章では、「日本人」と「外国人」の生活保護利用に関する冒頭の三つの事例――二〇一二年の人気芸人に対する「生活保護バッシング」、エジプト出身のタレントのツイート、そして一四年の最高裁判決――を読み解き、そこでナショナリズム、人種主義、新自由主義がどのように交錯しているのかを解きほぐす。三つの事例には、日本社会と「日本人」の多様性を否定して均質性を強調し、それから逸脱する貧困者や「外国人」を排除するナショナリズムと人種主義、加えて貧困は個人の問題とする新自由主義が関わっている。多様性が尊重される社会を作るためには、多様な人々の社会参加が必要不可欠である。シティズンシップの概念の核になるものが、「社会的・経済的・政治的・文化的に共有されるものへの参加」にあるとすれば、貧困はシティズンシップの実践を困難にする。(9)つまり、貧困の解決は多様性の尊重にとっての課題の一つである。日本社会で貧困問題は深刻化していて、さらにエスニックマイノリティや外国籍者の場合、非正規雇用や自営業で働くことが多い、高校や大学進学率が低いなど、貧困やその連鎖はより深刻であることが以前から指摘されてきた。[10] 生活保護を含む貧困問題は、多様性というテーマに関連するものとして取り上げられることが少なく、さらに「日本人」と「外国人」が別々に論じられることが多い。しかし、両者が関わる生活保護言説を同時に考察することで、日本社会の多様性を可視化し促進するための課題を浮き彫りにできるのではないだろうか。

1　生活保護制度の歴史と現状

近代日本の貧困救済制度は明治時代にさかのぼるが、「権利」としての生活保護制度の成立は戦後になってからである。連合国軍総司令部（ＧＨＱ）の要求で、税金を財源として国家責任を明確に定めた公的扶助としての生活保護制度が導入された。[11] 一九四六年十月に施行された旧生活保護法では、同年十一月施行の日本国憲法に規定された「最低限度の生活の保障」（生存権）は含められず、「素行不良な者」などは生活保護利用ができないという欠格事項が含まれ（第二条）、親族による扶養が可能な人も利用ができないなど（第三条）、戦前と同じく家族主義的な側面を色濃く残した法律だった。しかし、対象は「生活の保護を要する状態にある者」（第一条）とされ、国民だけに限ったものではなかった。

一九五〇年制定の新生活保護法では欠格事項がなくなり、生存権の保障が明記され（第一条）、貧困に陥った人が生活保護を請求する権利（第二十四条）などが認められた。憲法で「個人の尊重」が含められ、旧民法にあった家制度も廃止になり、親族の扶養義務者がいても生活保護利用は可能になった。[12]しかし、親族の扶養義務の程度は弱められたが規定は残り（第四条）、二〇一二年の「生活保護バッシング」で問題になる。そして憲法で生存権の権利主体が「国民」になったため、対象者は「生活に困窮するすべての国民」（第一条）に限定された。本章で注目する三つの事例に関わる、親族扶養義務と対象者を「国民」とする国籍条項についてはあとで詳しく述べる。

しかし、新生活保護法で権利としての生活保護利用が十分に実現したとは言い難い。日本の生活保護の利用率は西ヨーロッパ諸国に比べるとかなり低い。二〇一〇年のデータではあるが、日本で生活保護を利用すべき貧困状態にある人が、実際にどれだけ利用しているのかを表す「捕捉率」は二〇パーセント程度、人口に対する生活保護の利用率は一・六パーセントであるのに対し、ドイツ、フランス、スウェーデンなどでは捕捉率は六〇パーセントから九〇パーセント、利用率は五パーセントから九パーセントだった。[13]その背景には、貧困の拡大で生活保護利用者が増加すると、行政やメディアが財政問題や「不正受給」を取り上げて保護利用の審査を厳しくするなどして利用率を急減させる「適正化」、利用申請者を自治体の担当者が窓口で追い返す「水際作戦」などによって利用率を抑制してきたことがある。[14]

日本の生活保護利用率は一九五〇年代前半には二パーセント台だったが、高度経済成長期にあたる六〇年代には一・七パーセントから一・三パーセント台へと低下し、バブル経済期には一パーセント以下になり、バブル経済崩壊後の九五年に最低の〇・七パーセントになる。[15] その後、緩やかに上昇するが、一パーセントを超えるのは二〇〇三年になってからであり、リーマン・ショック（二〇〇八年）後には、〇八年に一・二五パーセントだった利用率は一三年に一・七パーセントになるまで上昇し、一六年になって一・六九パーセントへと減少に転じる。最新データは一八年のもので、その率は一・六六パーセントと減少が続いてきた。[16]

2　生活保護言説と「日本人」

「生活保護バッシング」の背景には二〇〇八年のリーマン・ショック後の失業者増大があるが、一九九〇年代に導入された新自由主義的な規制緩和政策がそれに大きく関わっている。規制緩和政策の一つとして労働者派遣法（一九八六年施行）が九六年、九九年と立て続けに変更され、派遣可能な業種が拡大、そして原則自由化になり、非正規雇用で働く人が大幅に増加した。リーマン・ショック後、一年間に約二十二万人の非正規労働者が解雇された二〇〇八年から〇九年にかけて、「派遣切り」「雇い止め」という言葉とともに貧困が社会問題として大きく取り上げられた。このとき、大部分が非正規雇用だった南米出身の日系人とその家族も多くの人が職を失い、集住する地方自治体などの調査では失業率が四〇パーセントにのぼった。[17]

このような事態に対応するため、二〇〇九年に厚生労働省が失業者や生活困窮者に対する生活保護利用を促す通知を出したこともあり、〇八年に一・二五パーセントだった利用率は一一年には一・六二パーセントと増加した。しかし、メディアではそれが貧困の拡大ではなく、「不正受給」や税負担の増加といった財政問題として語られ、「生活保護バッシング」の土壌を形成した。[18]「生活保護バッシング」は、二〇一二年四月十二日、週刊誌「女性セブン」（小学館）が「「年収五千万円」人気芸人の母親が生活保護受給の違和感」と題する記事を掲載したことからはじまった。[19]この芸人の年収が百万円にも満たない十五年前から母親が生活保護を利用していたが、収入に余裕が出てきた五、六年前から福祉事務所と相談のうえで芸人が母親に送金をおこなっていて、不正利用にはあたらない事例だった。[20]しかし自民党の「生活保護プロジェクトチーム」メンバーだった片山さつき参議院議員は、五月二日に自身のブログで「大っぴらな不正受給[21]」などと非難した。そして、チーム座長だった世耕弘成参議院議員も、五月十六日に自身のブログで「親子に関しては生活保護法でより強い扶養義務をかける。一定の年収以上の扶養義務者が居る場合には一律に生活保護の認定をしない。等の改善案を考えていきたい[22]」と主張。五月二十五日にはこの芸人が謝罪会見を開き、生活保護費の一部を返還する意向を表明した。

親族の扶養義務は、生活保護法の第四条二項で「民法に定める扶養義務者の扶養及びほかの法律に定める扶助は、すべてこの法律による保護に優先として行われるものとする」と規定している。ただし旧法とは異なり、親族の扶養は必ずなされなくてはならないもの（「要件」）ではなく、「優先」、つまり「期待されるもの」にすぎず、扶養が実際になされたときに収入と見なされ、生活保護費からそれが差し引いて支給されるという取り扱いだった。[23]民法上の扶養義務者は三親等内の親族とされていて、曾祖父母、曾孫、叔父叔母、甥姪まで含まれることになる。[24] これは扶養義務者を夫婦間と未成熟の子どもに限っている西ヨーロッパ諸国（イギリス、フランス、ドイツなど）に比べてもかなり広い。[25]

二〇一二年末の総選挙で生活保護の見直しを公約に掲げた自民党が政権に返り咲き、一三年に約六十年ぶりに生活保護法を変更した。それによって、扶養義務者に対して保護の開始を通知すること、そして扶養義務者がその義務を果たしていないときには、資産や収入について報告を求めることが可能になり（第二十四条）、扶養義務者に対する圧力が強められた。

「生活保護バッシング」はナショナリズムと新自由主義、そして新自由主義を補完するものとしての新保守主義が交錯した事例である。新自由主義は、一九二九年の世界恐慌後のケインズ主義的福祉国家体制を攻撃対象とし、市場原理を重視する自由主義の復活を唱えて三〇年代の欧米で登場した。[26] 第二次世界大戦後は、戦後復興そして冷戦下で共産主義化に対する危機感から、西側諸国では資本主義の弊害を緩和する福祉国家体制が重視された。しかし、福祉国家体制が揺らぎ始める七〇年代に新自由主義は復活し、八〇年代にはアメリカのロナルド・レーガン政権、イギリスのマーガレット・サッチャー政権で主流化、その後は日本も含めて世界的に「言説様式として支配的なもの」になっていった。[27]

新自由主義的な社会では、市場原理が経済だけでなく、政治、社会、文化などあらゆる分野に導入され、「個人の自由」「競争」「自己責任」などをよしとする価値観が広まる。その結果、過度の個人化が進むとともに、権力格差が「当たり前」になって問題として認識されにくくなり、ネイションなど「社会的なもの」が解体されていく(28)。これを防ぐために使われるのが新保守主義である。ネイションは「想像の共同体」といわれるように、見知らぬ人たちが同じ共同体のメンバーとして親近感を抱き、共同体の存在が「当たり前」になることで作られる(29)。ネイションの構築には、共同体はどのようなものか、メンバーは誰でどのような人々か、についての「物語」が必要になるが、これを提供するのがナショナリズムである。この「物語」は多様なバージョンが可能であり、新自由主義版を新保守主義版が補完する。すなわち「個人の自由」な意思で「競争」して勝ち残り「自己責任」をとれる人が「よき国民」であるとする新自由主義ナショナリズムだけでは、ネイションのまとまりは失われてしまう。そこで「伝統的」家族関係や人種／民族関係、ジェンダー規範などを強調する新保守主義ナショナリズムによって、それを維持しようとするのである(30)。

「生活保護バッシング」は、貧困に陥った人を「非国民的他者」と扱い、ネイションとして支えていくことを拒否するとともに、「親族の扶養義務」という家制度に基づく価値観を利用して、国家に頼ることなく親族で「自家責任」をとることを求めている。ナショナリズム、新自由主義、新保守主義の交錯がこの「自家責任」という考え方に表れている。「自己責任」という新自由主義的価値観を貧困者に強要するだけでは、「日本人」としてのまとまりが維持できない。そこで持ち出されるのが親族の扶養義務という保守的な「伝統的」価値観である。つまり、「よき国民」は生活保護に頼らないという新自由主義ナショナリズムで貧困者を「日本人」から排除し、同時にその貧困者については親族が責任をとるべきとする新保守主義ナショナリズムで、貧困者を再び「日本人」に包摂するのである。

一人ひとりが「自己」だけでなく「自家」責任も負わされ、個人主義と家族主義の両方にからめとられることで、多様な人々との社会的連帯を推し進めていくことが困難になっていく。家族や個人主義が悪いというわけではない。人は誕生して一人では成長できず、どのような形態（二人親、児童養護施設など）であれ、「家」という空間・場所で複数の人（「族」）と、つまり「家族」のなかで育つ。そして、人が多様な個人として尊重され、家族の状況や階級、国籍、人種、エスニシティ、ジェンダーなどの社会的カテゴリーに縛られることなく社会で自由に生きていけることとは重要である。このような個人主義にとって、社会保障の充実は不可欠であり、そのためには社会的カテゴリーを超えた社会的連帯が必要である。言い換えれば、多様性の尊重と促進につながるような個人主義は、カテゴリー横断的な社会的連帯があってはじめて可能になる。しかし、新自由主義の「自己責任」「競争」を過度に強調するような個人主義は、そのような社会的連帯を困難にする。そして、家族主義が加わることでその「責任」の範囲が拡大し、「自己」「自家」への責任だけで手いっぱいになり、シティズンシップの行使、つまり社会的なものを多様な人々とともに作ることへの参加が困難になる。さらに、日本の「伝統的」価値観とされる家族主義が援用されることで、「日本人」に帰属しているという感覚は残り、それによって「日本人」と「外国人」との境界が強化される。

3　生活保護言説と「外国人」

「生活保護バッシング」の記憶が鮮明に残るなか、二〇一二年十月三十日にエジプト出身のタレントが、生活保護を利用している外国籍の人に対する国民年金保険料免除に関するまとめサイトを「Twitter」上で紹介し、「報道規制でもされてるんですかね？ 政府が後ろめたいニュースは全然流れない」[31]と非難した。翌日、あるユーザーが「歴史的な背景を知らないのに語る資格はない」[32]と反応し、それに対してこのタレントが「在日外国人の一人として言わせていただきます。外国人が生活保護を受けること自体が不自然です。自国から拒否されてるわけで無いならなぜ愛する母国に帰らないのか？」[33]とコメント。他ユーザーの反応は、「私達が言えば「差別！」と攻撃される問題を、代わりに言ってくださって有難うございます」[34]など、タレントのコメントを支持するものが大部分だった。

タレントの発言の発端になった年金保険料免除だが、それまで厚生労働省は生活保護利用者の国籍を問わず、国民年金法上の「法定免除」として一律全額免除としてきた。しかし、日本年金機構本部は「生活保護バッシング」から数カ月後の二〇一二年八月、外国籍者は生活保護法の適用対象ではないため、年金保険料の「法定免除」の適用外とし、本人の申請があれば前年の収入に応じて免除する割合を決める「申請免除」に変更する見解をまとめた。これに対して支援団体などから国籍差別だとする非難が出たため、厚生省は申請があれば一律全額免除とするという方針を出した。[35]タレントのコメントはこれに対して、外国籍者の生活保護利用と年金保険料免除に異議を唱えたものである。

二〇一四年に最高裁判決が出た永住外国人の生活保護利用をめぐる裁判の概要は、以下のようなものである。[36]一九三二年に日本で生まれた「永住者」の在留資格を有する中国籍のAさんが、配偶者で中国籍のBさんが認知症で入院したあと、Bさんの弟から貯金通帳や印鑑を取り上げられ家を追い出されて生活に困窮し、二〇〇八年に生活保護を申請したが大分市に却下されたため、その取り消しを求めた。最高裁判決では、外国籍者は「法的保護の対象」ではなく、あくまでも通達などの行政措置による「事実上の保護の対象」にすぎないとした。つまり、外国籍者は、「通達による「恵み」としての保護は受けられるかもしれないが、「権利」としてそれを受けることはできない[37]」ことを示したのである。

外国籍者の生活保護利用は、一九五四年の厚生労働省の通知で生活保護法が外国人にも「準用」されて以来、日本国籍者とほぼ同じような手続きで運用されている。[38]日本政府は国際人権規約の批准（一九七九年）と難民条約への加入（一九八一年）のとき、国籍による不平等な取り扱いの是正を迫られ、国民年金法や児童手当法などの法律からその対象を国民に限るとする国籍条項を外した。しかし、生活保護法は外国人に対しても事実上の保護がなされていることを理由に法改正を見送った。下級審の二〇一一年福岡高等裁判所判決は、この経緯を指摘したうえで、永住者などの一定の外国人に対する生活保護について、国際法と国内法上の義務を負うとし、外国籍者のAさんは「法的保護の対象」であると認定した画期的な判断だった。[39] 最高裁判決はこの高裁判決をくつがえしたのである。

冒頭でも述べたように最高裁判決は現状維持を主張したにすぎなかったが、「〝負〟の社会的インパクト」は極めて大きかった[40]。この判決が出た二〇一四年は、「ヘイトデモ」が頻繁におこなわれ、「ヘイト本」や「ヘイト記事」があふれていた時期であり、生活保護の「給付水準の原則一割カット」を公約に掲げて「生活保護バッシング」後に政権に返り咲いた自民党が、一三年からの三年間に三段階で、生活保護費の生活費部分（生活扶助費）の減額をしている最中でもあった。例えば、この判決を報じた「日本経済新聞」の記事の見出しは「永住外国人の生活保護認めず 最高裁が初判断」であり、あたかも生活保護利用ができないかのような印象を与える。[41] ネット上では生活保護の利用そのものが否定されたかのような解釈が広がり、それを支持するコメントが目立った。

日本年金機構による「外国人」生活保護利用者の年金保険料免除の厳格化の動き、そして二〇一一年の福岡高裁判決をくつがえした最高裁判決は、いずれも一二年の「生活保護バッシング」後に起こっている。「日本人」への「生活保護バッシング」が「外国人」にも影響を及ぼすという点では両者に連続性があるが、「外国人」には年金保険料免除の厳格化の動きが出るなど、締め付けが追加されている点では違いが存在する。

「外国人」の生活保護利用に関するタレントのツイートと最高裁判決の二つの事例には、ナショナリズム、人種主義、新自由主義が交錯している。人種は一般的に黒人や白人といった肌の色などに基づく「生物的」分類、と見なされることが多い。しかし、人種概念の核にあるのは、「諸個人の血統は世代から世代に生物的にして精神的な実体を伝え、それを通じて諸個人を「親族関係」とよばれる時間的共同体のなかに挿入するという観念」であり、ネイションを「血」がつながった、文化を共有する一大家族と見なすような考え方にもみることができる[42]。人種主義とはこのような人種概念に基づき、ある人々を差異化し、排除し、または序列化することを指す。

「外国人」の生活保護利用に関する二つの事例は、外国籍の人が貧困に陥った場合、裁判を起こしたAさんのように日本で生まれ育っていても、国籍がある国が救うべきだとする「自国責任」という考え方に基づいている。ナショナリズム、人種主義、新自由主義の交錯は、この「自国責任」という考え方に表れている。冒頭で述べたように、日本は「単一民族社会」であり、そこに住む「日本人」は血統・言語・文化が三位一体になったものと想像されるとき、「日本人」はネイションであると同時に人種化されている。Aさんが外国籍であることは、血統主義を採用して重国籍を認めない日本の国籍法と無関係ではなく、そこには人種化されたネイションとしての「日本人」の概念が大きく影響を与えている[43]。Aさんは提訴後に生活保護利用が認められている。しかし、外国籍者の利用が可能であっても、生活保護法上の権利者は「国民」(=「日本人」)に限られるとした最高裁判決は、「日本人」と「外国人」を分けているだけではなく、「外国人」の人として生きる権利(生存権)の保障は「日本人」のそれよりも低いことを宣言している。そこにあるのは、日本に永住もしくは一年以上居住する外国籍者には日本国籍者とほぼ等しい納税の義務があるにもかかわらず、税金を財源とする生活保護利用の権利を認めないという「日本人」と「外国人」の序列化、そして「自国」の「国民」の貧困は「自国」の責任とする論理である。

同時に、生活保護利用から「外国人」を排除することは、「日本人」に「自国責任」幻想をもたせ、「日本人」をネイションにつなぎとめるためには一定の効果があるのかもしれない。しかし、「自国責任」はあくまで幻想であり、先述したように「自国」は「日本人」に「自己責任」「自家責任」をとることを求め、「自国責任」を果たしてはくれない。「外国人」を生活保護利用から排除しようとすることは、「日本人」に対する手厚い保護につながるわけではない。それは生活保護費のさらなる抑制がおこなわれている現状からも明らかである。二〇一三年から三年間で、生活保護費の生活費部分（生活扶助費）が六・五パーセント減額されたのに続いて、一八年からの三年間でさらに一・八パーセントの減額が進行中である。(44)

おわりに

一九九〇年代に入り、バブル経済崩壊後に「一億総中流」言説、グローバル化で「単一民族神話」が揺らいだとはいえ、「自己責任論」によって社会問題としての貧困、日本社会の多様性の不可視化は続いてきた。生活保護に関する三つの事例からみえてくるものは、以下のような構図である。まず、貧困に陥った「日本人」を「自己責任」能力に欠けた「非国民的他者」として排除し、次に、家族主義と「外国人」を使って「日本人」として包摂するが、結局は「日本人」全体が「自己責任」だけでなく「自家責任」を負わされる。さらに、「外国人」にはこの二つの責任だけでなく「自国責任」を突き付けられ、「日本人」と「外国人」の境界がいっそう強化される。このように、生活保護言説の「日本人」と「外国人」を同時にみていくことで、「日本人」に対する「生活保護バッシング」は「外国人」も巻き込んでいくこと、「日本人」の「自国」は「外国人」に「自国責任」を要求しても、「日本人」には「自己責任」と「自家責任」を課して「自国責任」を果たさないこと、つまり幻想にすぎないことがみえてくる。

二〇二〇年の世界的な新型コロナウイルス感染拡大によって、「自国ファースト」というナショナリズム、外国人嫌悪や人種主義が高まるとともに、経済不況で貧困がさらに深刻化していて、今後、生活保護利用者がさらに増加するのは間違いない。このような状況のなか、生活保護言説で「日本人」と「外国人」がどのように語られるのか、そして「生活保護バッシング」の例からも明らかなように、生活保護言説と密接に結び付く政策がどうなっていくのか、を注視していく必要がある。

稲葉剛は生活保護制度の真の意味は「人間の「生」を無条件で保障し、肯定すること」だとし、

「生活保護バッシング」に加担する人々は、「他者の多様な「生」のありようを肯定」できず、したがって「自分自身が「人間らしく生きる」ということをも無条件で肯定できていない」と述べている。人が生まれ育つ環境、もつことができる機会や経験は多様であり、社会的そして個人的な要因がからまった多様なプロセスを経て人は貧困に陥る。しかし、「自己（家・国）責任」という価値観では、人は均質的な存在として扱われ、多様な「生」は不可視化されてしまう。

生活保護制度を含む日本の貧困対策は「あまりにも安上がりなもの」と批判されてきた。[46]「生活

保護バッシング」のメカニズムについて、後藤道夫は以下のように主張する。「生活保護制度の存在にもかかわらず、その受給が強く抑制され、「最低限度」未満の貧困と困窮が勤労世帯にも広く存在する。こうした状況こそが、反転して、生活保護を攻撃するテコとなり、最低生活を保障する社会保障制度全般の形成を妨害する」[47]。つまり、日本社会で「人間らしく生きる」ことが十分に保障されていない人々が多いという状況が、それを保障する生活保護制度へのバッシングを引き起こし、それによって生活保護制度がさらに縮小され、「人間らしく生きる」ことがさらに困難になっていくという負のスパイラルが続いている。貧困を社会問題として可視化したうえで、一人ひとりの「生」が多様で社会的なものであること、そして「人間らしく生きる」ことは国籍などの諸条件にかかわらず、すべての人の権利（人権）であることをどのように社会の共通認識にしていくのか。これが、多様な「日本人」そして多様な「外国人」が生きる場として日本社会を作っていくための一つの大きな課題ではないだろうか。

注

（1）山田壮志郎「生活保護とソーシャルアクション――大衆誌報道に見る生活保護への価値意識」、鉄道弘済会社会福祉第一部編「社会福祉研究」第百二十九号、鉄道弘済会社会福祉第一部、二〇一七年、四五ページ

（2）水島宏明「「生活保護バッシング報道」が露呈させたテレビの未熟」、金平茂紀／永田浩三／水島宏

明／五十嵐仁『テレビはなぜおかしくなったのか――〈原発・慰安婦・生活保護・尖閣問題〉報道をめぐって』所収、高文研、二〇一三年、九〇ページ
(3)「永住外国人の生活保護認めず　最高裁が初判断」（「日本経済新聞」二〇一四年七月十八日付〔https://www.nikkei.com/article/DGXNASDG18H11_Y4A710C1CR8000〕［二〇二〇年五月七日アクセス］）、「外国人は生活保護対象外」（「読売新聞」二〇一四年七月十九日付）など。
(4) 西澤晃彦『貧者の領域――誰が排除されているのか』（河出ブックス）、河出書房新社、二〇一〇年、一五ページ
(5) 小熊英二『単一民族神話の起源――〈日本人〉の自画像の系譜』新曜社、一九九五年
(6) Harumi Befu, Nationalism and *Nihonjinron*, in Harumi Befu, ed., *Cultural nationalism in East Asia: Representation and identity*, Institute of East Asian Studies, University of California, 1993, p. 116.
(7) 岩田正美『貧困の戦後史――貧困の「かたち」はどう変わったのか』（筑摩選書）、筑摩書房、二〇一七年、二四四―二五一ページ、前掲『貧者の領域』一三ページ
(8) 垣花昌弘／遠山武「麻生太郎氏「日本は2千年、一つの民族」政府方針と矛盾」「朝日新聞」二〇二〇年一月十三日付（https://www.asahi.com/articles/ASN1F67HDN1FTIPE00X.html）［二〇二〇年五月七日アクセス］
(9) ルース・リスター『貧困とはなにか――概念・言説・ポリティクス』松本伊智朗監訳、立木勝訳、明石書店、二〇一一年、二三八―二三九ページ
(10) 移住連貧困プロジェクト編『日本で暮らす移住者の貧困』（「移住連ブックレット」第四巻）、移住労働者と連帯する全国ネットワーク、二〇一一年
(11) 副田義也『生活保護制度の社会史 増補版』東京大学出版会、二〇一四年、一三―一五ページ

（12）吉永純「生活保護制度のしくみ」、吉永純／布川日佐史／加美嘉史編『現代の貧困と公的扶助』所収、高菅出版、二〇一六年、八三ページ

（13）生活保護問題対策全国会議編『間違いだらけの生活保護バッシング――Q&Aでわかる生活保護の誤解と利用者の実像』明石書店、二〇一二年、二八ページ。日本政府は捕捉率を把握・公表しないため、日本の数字は推計である。金子充『入門 貧困論――ささえあう／たすけあう社会をつくるために』明石書店、二〇一七年、二八八―二八九ページ参照

（14）尾藤廣喜「「生活保護バッシング」を超えて――今こそ問われる「生存権」保障の意義」「現代思想」二〇一二年九月号、青土社、七三ページ。「適正化」は、一九五四年から五六年にかけて結核患者と在日コリアンの生活保護利用者をターゲットとした第一次、六四年から六六年にかけてエネルギー政策と産業構造の転換で貧困化した産炭地域と農村での利用増加を抑制するための第二次、和歌山県の暴力団員による不正利用問題を口実として始まった八一年からバブル経済崩壊までの第三次があったとされる。それぞれの「適正化」の時期に利用率が急減している。

（15）利用率の変遷は以下を参照。国立社会保障・人口問題研究所「「生活保護」に関する公的統計データ一覧 シート No.16 被保護実人員・保護率の年次推移」国立社会保障・人口問題研究所、二〇一九年十月二日（http://www.ipss.go.jp/s-info/j/seiho/seiho.asp）［二〇二〇年五月七日アクセス］

（16）厚生労働省「被保護者調査（平成30年度確定値）結果の概要」厚生労働省、二〇二〇年三月四日（https://www.mhlw.go.jp/toukei/saikin/hw/hihogosya/m2019/dl/h30gaiyo.pdf）［二〇二〇年五月七日アクセス］

（17）樋口直人「貧困層へと転落する在日南米人」、前掲『日本で暮らす移住者の貧困』所収、二〇ページ

（18）前掲『貧困の戦後史』二八一ページ

（19）「「年収5000万円」人気芸人の母親が生活保護受給の違和感」「NEWSポストセブン」二〇一二年四月十二日（https://www.news-postseven.com/archives/20120412_101680.html）［二〇二〇年五月七日アクセス］

（20）「母親の生活保護受給「返還する」河本さんが謝罪」「日本経済新聞」二〇一二年五月二十五日付（https://www.nikkei.com/article/DGXNASFK2501M_V20C12A5000000/）［二〇二〇年五月七日アクセス］

（21）「河本準一氏の「年収5千万円、母親生活保護不正受給疑惑」について、厚労省の担当課長に調査を依頼しました。」「さつきBLOG」二〇一二年五月二日（http://satsuki-katayama.livedoor.biz/archives/7033103.html）［二〇二〇年五月七日アクセス］

（22）「高年収タレントの親族の生活保護受給問題――本人の説明が必要」（http://blog.goo.ne.jp/newseko/e/7a2cd1198153446921c05c208040afab）。すでに削除されているが、以下のサイトで読むことができる。「BLOGOS」（https://blogos.com/article/39171/）［二〇二〇年五月七日アクセス］

（23）例えば、前掲「生活保護制度のしくみ」八三―八五ページ。

（24）ただし、配偶者間および親の未成熟の子どもに対する義務は、それ以外の三親等内の親族に対する義務や成人の子どもの親に対する義務よりも程度が強いものとされている。例えば、前掲「生活保護制度のしくみ」八四―八五ページ参照。

（25）前掲『入門 貧困論』二二五ページ

（26）Michel Foucault, *The birth of biopolitics: Lectures at the Collège de France, 1978-1979*, Picador, 2008, pp. 78-80.

(27) David Harvey, *A brief history of neoliberalism*, Oxford University Press, 2005, p. 3.

(28) 例えば、Henry A. Giroux, *The Terror of Neoliberalism: Authoritarianism and the Eclipse of Democracy*, Paradigm, 2004, p. 70.

(29) ベネディクト・アンダーソン『想像の共同体——ナショナリズムの起源と流行 増補』白石さや／白石隆訳（ネットワークの社会科学）、ＮＴＴ出版、一九九七年

(30) Harvey, *op. cit.*, pp. 81-86.

(31) フィフィ「Twitter」、二〇一二年十月三十日（https://twitter.com/fifi_egypt/status/263146870732361728）［二〇一九年十一月五日アクセス］

(32) @kattobi0556「Twitter」、二〇一二年十月三十一日（https://twitter.com/kattobi0556/status/263454577725153282）［二〇一九年十一月五日アクセス。現在は削除されている。］

(33) フィフィ「Twitter」、二〇一二年十月三十一日（https://twitter.com/fifi_egypt/status/263471186615349248）［二〇一九年十一月五日アクセス］。このタレントの生活保護に関する一連のコメントは以下のまとめサイトで読むことができる。「NAVER まとめ」（https://matome.naver.jp/odai/2135169887545772601）［二〇一九年十一月五日アクセス］

(34) @sou1jo「Twitter」、二〇一二年十月三十一日（https://twitter.com/sou1jo/status/263483968433831937）［二〇一九年十一月五日アクセス］

(35)「生活保護の外国人 年金保険料を免除 厚労省、国籍差別批判受け」「東京新聞」二〇一二年十月二十日付夕刊、一面

(36) 裁判の概要については、奥貫妃文「社会保障」（高谷幸編著『移民政策とは何か——日本の現実から考える』所収、人文書院、二〇一九年）。

(37)田中宏「最高裁判決がJapanese onlyでは、国連・安保常任理入りは無理？――生活保護大分訴訟の上告審判決を評す」「賃金と社会保障」二〇一四年十一月下旬号、旬報社、五ページ
(38)外国籍者の生存権、生活保護法との関係については、林弘子「最低生活保障と平等原則――外国人への適用を中心に」（日本社会保障法学会編『住居保障法・公的扶助法』〔「講座社会保障法」第五巻〕所収、法律文化社、二〇〇一年）。
(39)前掲「最高裁判決がJapanese onlyでは、国連・安保常任理入りは無理？」五ページ
(40)奥貫妃文「大分外国人生活保護訴訟最高裁判決（最小判平二六・七・一八）の検証」、前掲「賃金と社会保障」二〇一四年十一月下旬号、二〇ページ
(41)前掲「日本経済新聞」二〇一四年七月十八日付
(42)エティエンヌ・バリバール「国民形態――歴史とイデオロギー」、エティエンヌ・バリバール／イマニュエル・ウォーラーステイン『人種・国民・階級――揺らぐアイデンティティ 新装版』所収、若森章孝／岡田光正／須田文明訳、大村書店、一九九七年、一八一ページ
(43)前掲「最高裁判決がJapanese onlyでは、国連・安保常任理入りは無理？」一〇ページ
(44)「生活保護削減 歯止めはどこなのか」「朝日新聞」二〇一三年二月三日付、十一面、「生活保護費、世帯7割で減 都市部の単身者など大幅減」「朝日新聞」二〇一七年十二月二十三日付、五面
(45)稲葉剛『生活保護から考える』（岩波新書）、岩波書店、二〇一三年、二〇四ページ
(46)前掲『入門 貧困論』一五ページ
(47)後藤道夫「ワーキングプア再論――低賃金のままで貧困改善は可能か？」、「特集 貧困の〈隠され方〉」「唯物論研究年誌」第二十四号、大月書店、二〇一九年、四四ページ

論点２　メディア研究における「ダイバーシティ」の現在

林 香里

はじめに

メディアは、言論・表現の自由が保障された社会で人々の知る権利に奉仕し、自由で活気あふれた表現活動を促すシステムであり制度である。したがって、その研究に「ダイバーシティ」の理念が欠かせないことに異論はないだろう。しかし、私見では、ダイバーシティという観点からのメディア研究はいまだ道半ばという印象がある。メディアに様々な社会的弱者（民族的、性的、ジェンダー的、身体的、など）の声が反映されておらず、制作現場にもそうした人が少ないことは世界各地で指摘されているにもかかわらず、だ。以下では、特に女性に焦点を当てて、現在と今後の日本のメディア研究のいくつかの課題を挙げておきたい。女性に限っているが、同様のことはジェンダーや人種のマイノリティにもいえることだろう。なお、ここでいうメディアは、ひとまずはテレビ、ラジオ、新聞、雑誌などいわゆるマスコミ四媒体を指すが、近年、こうしたメディアもオンライン化していて、より広く、インターネットも含めた情報媒体の総体を指す。とりわけ本章の後段で、インターネットやソーシャルメディアも含めた情報プラットフォームのダイバーシティについて議論する。

メディアに「女性が少ない」こと

世界的に #MeToo 運動が盛り上がるなか、日本でもメディア業界が、日本人男性たちの支配による、きわめて均質的な職場であることがしばしば話題にのぼるようになった。

例えば、日本の新聞記者全体に占める女性の割合と放送局の女性社員の割合は、いまのところようやく二〇パーセントを超えたところである。日本民間放送労働組合連合会の調べでは、放送局の報道部門（ニュース担当）、制作部門（娯楽やドキュメンタリー担当）、情報制作部門（ワイドショーなど情報番組担当）の最高責任者の地位にある女性は、ゼロ。[1] メディアはどうみても多様性とは程遠い職場環境なのである。

けれども、そのことが業界全体で真剣に問題とされたことは、実は日本ではごく最近のことだった。そのきっかけの一つには、二〇一八年四月に、テレビ朝日の女性記者が財務事務次官（当時）から執拗なセクハラ被害を受けていたことが発覚した事件がある。彼女は、そのセクハラの様子を録音して週刊誌に持ち込んだ。この事件をきっかけに、ジャーナリズムに携わる女性の職能集団として、「メディアで働く女性ネットワーク Women in Media Network Japan（WiMN）」も結成された。設立趣意書には以下のような文言がある。

残念ながら、取材先や所属する組織内での女性差別、セクシャル・ハラスメントはいまだに存在しています。これまで、ジャーナリズムに携わる多くの女性たちは、恥ずかしさや、取材先との関係が壊れることへの心配などからなかなか声をあげられませんでした。私たち自身が、声なき声の当事者だったのです。私たちメディアで働く女性は、今回の女性記者による告発に勇気づけられるとともに、今こそセクシュアル・ハラスメントを含むありとあらゆる人権侵害をなくす時だと決意を固めています。(2)

このほか、日本マスコミ文化情報労組会議（ＭＩＣ）の調査でも、日本のメディアの労働環境が「日本人＋ヘテロセクシュアル＋健常者＋高学歴高収入の男性」以外の他者に対して排除と抑圧がいかに強くはたらく場であるかがあらためて明らかになった。(3)

今後は、女性やマイノリティの記者や制作者たちの数を問題にするとともに、それに加えてそういった人たちが社内でどのように沈黙させられ、自らの良心に反する行為を強要されているのか、さらにそれによって「内部的メディアの自由」(4)がいかに侵害されているのか、企業で働く「ジャーナリストの権利」と言論・表現の自由の関係についてさらに踏み込んだ調査が必要だろう。加えて、支配／被支配の関係でさらに弱い立場に置かれるフリーランス記者や制作者たちの実態調査も必要だ。

画一的な職場の弊害と帰結

では、このように多様性がない画一的な職場のあり方は、私たちが日々受け取るメディア・コンテンツとどのような関係にあるのだろうか。

ジェンダー的に偏向した男性優位の職場からは、必然的に多様性が欠如したコンテンツが生産されるという主張は、直感的にはそのとおりだろう。しかし、この点の実証的な解明は道半ばだ。それは、「多様性あるコンテンツ」を測定することの難しさにも一因があるだろう。しかし、そうした困難を差し置いても、この研究分野はまだ発展途上だ。

女性が増えることが、どこまで女性のためになるコンテンツを増やすことになるのか、あるいは外国人や障害者が参加する制作現場にはより多様な視点が取り入れられるのか、という問いについては、数値でパフォーマンスを測定しやすい経営学のほうが知見の蓄積がある。経営学では、ジェンダーだけでなく、様々な多様性を尊重する企業のほうがビジネスパフォーマンスも上がっていて、特に女性の管理職が多い企業は業績も伸びているという調査結果が出ているのだ。(5) メディア企業は、必ずしもビジネスパフォーマンスだけで価値を測定できないが、参考にはなるだろう。また、健全な経営・財政基盤を作るという点では、経営という点での指標作りも重要だ。今後、ダイバーシティ概念は、メディア企業でさらに実証的に検証され議論されていい。

なお、メディアで女性の頭数が増えることが女性の解放や人権に関するコンテンツの提供には必ずしも直結しないことについては、オランダのフェミニスト・メディア研究者、リースベト・バン・ズーネンが重要な議論をしている。バン・ズーネンによると、近年、メディア産業に女性が増えているとはいえ、それはメディア産業のあらゆる局面に市場原理が貫徹したネオリベラリズムの帰結、言い換えれば、商業主義によるコンテンツの娯楽化とソフト化が進み、そこに女性を採用するニーズが生まれた結果なのだと指摘している。[6] つまり、女性が職場に増えることによってコンテンツが変化したのではなく、コンテンツが変化しているために女性が職場で必要とされているという逆転した主張だ。

バン・ズーネン自身は、だから女性を増やす努力は必要がないと主張しているわけではない。そうではなく、女性の頭数を増やせという主張にとらわれすぎることによる陥穽を指摘しているのだ。メディアの画一的な生産現場と画一的なコンテンツという二つの問題は、資本主義がもたらした社会での支配・被支配の関係に基づいた広く社会的な文脈から議論し、ステレオタイプの再生産やコンテンツの平準化について批判的に議論をすべきなのだ。

デジタルデータと多様性

近年では、マスメディア以外にもインターネットが普及し、多くの人はソーシャルメディアからニュースを読んだり、ソーシャルメディア上のコミュニケーション活動そのものを楽しんだりしている。利用時間でみると、ソーシャルメディアは、全年代では女性の平均利用時間のほうが長くなっていて、平均利用時間が長い十代と二十代の若年層で男女差が顕著だという。[7]

つまり、現代社会では男性優位なマスメディアが情報空間を支配していた時代とは異なり、サイバー空間の広がりによって女性やマイノリティを含む一般市民たちが手軽に意見を述べたり、表現活動を披露したりできるプラットフォームが存在している。それによって、マイノリティの活動は以前と比べて格段に可視化され、また活発化もしている。つまり、情報媒体自体の多様化によって声の多様性が実現している、と考えられている。

しかしながら、他方で、サイバー空間は、特に女性にとってミソジニーを具現する残酷な女性処罰の空間でもあることを忘れてはならない。インターネットメディア「Business Insider Japan」の編集長・浜田敬子と記者の竹下郁子は、元TBSワシントン支局長による性暴力を告発した伊藤詩織や、性被害に遭った女子中・高生たちを支援する団体を主宰する仁藤夢乃などの社会活動家の事例をはじめ、政治家、弁護士、一般市民も含む声を上げる女性たちに対する無責任で暴力的な誹謗・中傷が現代社会の深刻な問題だと指摘している。[8]このようなオンライン・ハラスメントを、サービス提供をするプラットフォーム企業側が是正する動きは鈍い。加害者の追及は後手に回る一方で被害者への誹謗・中傷は無限に拡散され、「いまだに日本では、被害者が孤立し、悩み、肩身の狭い思いをしている」[9]という。こうして、多様性が具体化するはずのサイバースペースは、むしろ多様性を阻んで萎縮させる空間になっている。ジェンダーとダイバーシティの視点からこうしたハラスメントの動きを批判的に考察するため、オンライン上の言説のエスノグラフィーをはじめ、実証的な調査に期待したい。

加えて、近年では、AIという最新のテクノロジーの普及とともに、女性やマイノリティへの差別はより目に見えないまま進行し、既存の差別構造を助長しているといわれている。つまり、AIを機能させるために学ばせる機械学習用のデータ群は、前述のようなミソジニーやマイノリティへのヘイト的空間も含んだ、男性優位のネット空間から引き出されてくる可能性が高く、それを深層学習したAIを利用することによって、マイノリティ差別がさらに強化されるというのである。[10] 特に画像認識パターンを機械に学習させる深層学習は、ステレオタイプを再生産するだけでなく強化する恐れがある。ＡＩの利用が社会に普及していくいま、データの公正性はいっそう問われるべき重要なテーマであり、対策に向けた不断の調査努力が必要である。

十九世紀から二十世紀にかけて発達したマスメディアの職場空間は、タバコの煙のなか、「遊軍」や「前線」などといった軍隊用語が飛び交う「有害な男らしさ」を象徴するものだった。いま、そのような職場は減り、少しずつではあるが女性も増えてきた。と同時に、かつて情報産業の王様だった「マスコミ」は、確実に衰退している。他方で、ネットが普及し、デジタル情報化社会が確立していくいま、新たなタイプの差別と画一化が見えない様式で社会全体に進行している。

しかし、これらの差別は新しいものでもない。サイバースペースの差別は、植民地支配、家父長制、人種差別など近代の負の遺産を着実に受け継ぎ、未来の世代へとバトンを渡す、古くてタチの悪い差別の連鎖を生んでいる。メディア研究者は、近代以降に蓄積された批判的思想基盤を学びながら、デジタルデータやサイバー空間の「癖」を体得し、新たなデータ収集、分析方法をもとにした調査を実施し、差別やヘイトへの対策を提案することが求められている。

注

（1）民放労連女性協議会「在京テレビ局女性割合調査報告」日本民間放送労働組合連合会、二〇一九年（http://www.minpororen.jp/?p=1399）［二〇二〇年十月四日アクセス］、日本新聞協会「新聞・通信社従業員数と記者数の推移」日本新聞協会（https://www.pressnet.or.jp/data/employment/employment03.php）［二〇二〇年十月四日アクセス］

（2）メディアで働く女性ネットワーク Women in Media Network Japan（Ｗ・ｉ・Ｍ・Ｎ）「「メディアで働く女性ネットワーク（Ｗ・ｉ・Ｍ・Ｎ）」とは」（https://wimnjapan.net/establishment/）［二〇二〇年十月四日アクセス］

（3）湊彬子「セクハラ被害6割以上が相談しない・できない 被害者が感じる「社会の空気」［アンケート調査］」「ハフポスト日本版」二〇一九年六月九日（https://www.huffingtonpost.jp/entry/sexual-harassment_jp_5cfbb255e4b0aab91c06c88b）［二〇二〇年十月四日アクセス］

（4）「内部的メディアの自由」とは、「メディア組織の内部でジャーナリズム活動をする人間、つまりジャーナリスト／記者／編集者／番組制作者などの職能人の自由と自立を保障すること」（花田達朗編『内部的メディアの自由――研究者・石川明の遺産とその継承』日本評論社、二〇一三年、ｉページ）と定義され、特に一九七〇年代ドイツで、編集権を専有するメディア経営側に抵抗する記者たちによって議論された概念である。これまで、「内部的メディアの自由」概念はジェンダーやダイバーシティ概念との関係で論じられることがほとんどなかった。

（5）McKinsey & Company, *Delivering Through Diversity*, January, 2018（https://www.mckinsey.com/~/media/mckinsey/business%20functions/organization/our%20insights/delivering%20 through%20diversity/delivering-through-diversity_full-report.ashx)［二〇二〇年十月四日アクセス］

（6）Liesbet van Zoonen, "One of the girls?: The changing gender of journalism," in Cynthia Carter, Gill Branston and Stuart Allan eds., *News, Gender and Power*, Routledge, 1998, pp. 33-46.

（7）総務省情報通信政策研究所「平成30年度情報通信メディアの利用時間と情報行動に関する調査報告書」総務省、二〇一九年九月（https://www.soumu.go.jp/main_content/000644168.pdf）［二〇二〇年十月四日アクセス］

（8）浜田敬子／竹下郁子「ネットミソジニー――行き場のない憎しみが女性に向かっている」、林香里編、小島慶子／山本恵子／白河桃子／治部れんげ／浜田敬子／竹下郁子／李美淑／田中東子『足をどかしてくれませんか。――メディアは女たちの声を届けているか』所収、亜紀書房、二〇一九年、一八七―二一一ページ

（9）前掲「ネットミソジニー」二一〇ページ

（10）江間有沙「鏡としての人工知能」、東京大学教養学部編『異なる声に耳を澄ませる』（知のフィールドガイド）所収、白水社、二〇二〇年

第5章 「生きづらさからの当事者研究会」の事例にみる排除の多様性と連帯の可能性

貴戸理恵

はじめに——多様な生きづらさをつなぐ

二〇二〇年代の日本で、「多様性/ダイバーシティ」を奨励する動きは高まっているといえる。だがそれは、例えば企業の「女性活躍推進」のように、経済的利益をもたらす「能力ある」マイノリティの活用という側面が強い。これは「多様な生のあり方を認める」ことと切り離されているばかりか、市場経済への貢献度によって選別することでマイノリティの集団性に分断を持ち込み、マイノリティ運動に立脚した従来の連帯のあり方を困難にする面さえある。

こうした状況で、個々のマイノリティ属性を超えた新たなつながりが求められている。とはいえ、個人が社会から排除される形態が多様化するなかで、排除された人々による共同性を立ち上げるのは容易ではない。まずは、個々の現場での試行錯誤と、それに根ざした知の蓄積が大切だろう。

このような問題意識から、本章では、現代日本で様々なかたちで社会からの排除を経験している人々に焦点を当て、彼ら・彼女らが集う「当事者研究」という対話的な場のフィールドワークを通じて、個々の多様な「生きづらさ」から立ち上がる新たなつながりの可能性を探りたい。具体的な対象とするのは、不登校や引きこもりの経験者・当事者をはじめ、精神障害や貧困、暴力被害など様々な生きづらさを抱える人々が集う「生きづらさからの当事者研究会」である。当事者研究とは、他者との対話を通じて自らの生きづらさにアプローチする営みといえる。この研究会は、二〇一一年から主として大阪で月に一度開催されており、私は開始時からコーディネーターとして関わっている。目的は、それぞれの「生きづらさ」を他者と共有しながら「研究」することであり、就労や治療は目指していない。深刻な話のなかにもユーモアを忘れないという意味合いを込めて「づら研」と略称しているので、以下そう呼ぶ。

づら研の特徴の一つは、参加者の属性や経験に制限を設けていないことである。不登校や引きこもりの経験者が半数ほどを占めるが、そうでない人も参加していて、テーマも「逃げ道の研究」「不安の研究」など不登校・引きこもりに特化してはいない。一般的な自助グループでは、例えば「アルコール依存症」のように同質の経験をもつ人々が集い、その経験に関して語り合うが、づら研ではそうした前提がない。では、そこでは何を足がかりに、どのようなつながりが作られているのだろうか。

本章は、づら研での「当事者研究」という一つの実践から、異なる属性や経験をもつ人同士が対話を通じて場を共有しうる可能性について考えていく。それは、共通性に基づいて連帯を考えるのではなく、「共有できなさ」を認めながら、かつ分断に至らず共同性を把持しつづけるにはどうすればいいかを探求することでもある。

なお、本章では、エスニックマイノリティやセクシュアルマイノリティ、障害者といった人々の生きづらさについては直接考察をおこなうことができない。以下では、あくまでもづら研という一つの事例に依拠しながら、教育や就労などの局面で日本社会の「普通」とされる価値になじめず、困難を抱える存在に焦点を当てていく。

1 「個人化・リスク化した排除の苦しみ」としての生きづらさ

本章のキーワードである「生きづらさ」とは、排除の苦しみが個人化・多様化し、マイノリティ運動の言説によって一様にカバーされにくくなった後期近代的な状況を象徴する言葉である。二〇〇〇年代から一〇年代を通じて多用される傾向にあるこの言葉は、ジェンダー・セクシュアリティ、非正規雇用、精神疾患、発達障害など様々な文脈で使われてきた。生きづらさという表現が使われるようになった背景として、私はかつて自著[(1)]のなかで、以下の二点を挙げた。第一に、「問題の現れ方が個別化・複雑化していて、集合的な属性や状態では捉えきれなくなっている」こと（個人化）、第二に「特定の「漏れ落ちた人」だけでなく、すべての人が潜在的に問題を抱えるようになってきている」こと（リスク化）である。

例えば、本章が注目する不登校は、一九八〇年代頃までは「学校に行き、学卒後すぐに仕事に就く」という規範化されたライフコースを外れる存在と見なされ、強く批判されていた。そこでは、不登校の状態にある子どもやその親たちはひとくくりに排除されたが、その一方で「学校に行かなくても学び、社会に出て行くことができる」と主張する不登校・フリースクール運動が生まれた。だが九〇年代後半以降、グローバル化と市場化が進むなかでライフコースは流動化した。不登校を経験しても個人の裁量で不確実性を乗り切り「自立」を果たす可能性が生まれる傍らで、学校に適応してきた大学卒の者であっても、雇用不安に直面するリスクを抱えることになった。このような状況では、排除は「学校に行っている／行っていない」という状態によってではなく、個人が主観的に感じる生きづらさとしてしか表現できなくなる。

実際には、排除は個人に対してランダムに降りかかってくるのではなく、特定の集団のうえに色濃く表れる。日本では、雇用不安は、大卒ホワイトカラー層への成果主義の導入や大卒男性フリーターという存在を通じて、まずは「扶養者となるべき男性」の雇用不安、すなわちマジョリティが漏れ落ちるリスクとして可視化され問題化された。[2]しかし、実際には、人口規模が大きな集団では、「高卒以下学歴の者」「女性」「ロストジェネレーション世代」が雇用の不安定化の波を大きく被った。不登校後のキャリアに関する調査でも、不登校を経験した人は一般の若者に比べてその後の就学・就職率が低下することがわかっている[3]。

だが、マクロな構造の問題が個々の人生のうえに複合化した困難として現れるとき、集団的な差別の痕跡は隠され、困難を解決するうえでの連帯の単位は想像されにくくなる。不登校の例でも、出身階層や安定雇用の有無といった面での格差が可視化されるため、同じ不登校経験者というだけでは共通の課題が見いだしにくくなる。そのため、社会運動などを通じて連帯を志向するよりも、個人的な努力で「自立」を目指す態度が一般化する。しかしその果てには、「自立」がかなわなかった場合に、選択の失敗や能力不足といった「自己責任」の論理のもとに自らを責めるという結果が待ち構えている。生きづらさとは、こうした背景から派生してくる様々な苦しみである。

これを踏まえて本章では、排除の経験が個人化するなかでどのように共同性を育みうるかを、づら研での当事者研究を通して考えていく。

2 当事者研究での個別性・多様性と共同性のつながり

当事者研究はもともと、精神障害をもつ人々のグループホームである北海道・浦河べてるの家で二〇〇一年にスタートし、その後、依存症、発達障害、慢性の病、引きこもりなどの分野に広がった。一〇年代には全国的なネットワークが作られるようになり、海外にも実践が紹介された。医療・支援機関での応用や学術研究との接続も試みられてきた。当事者研究とは、この分野を牽引してきた一人である綾屋紗月の端的な定義によれば、「「自分自身について仲間と共に研究する」という実践[4]」である。浦河べてるの家のソーシャルワーカーである向谷地生良は、「統合失調症や依存症などの精神障害を持ちながら暮らす中で見出した生きづらさや体験（いわゆる〝問題〟や苦労、成功体験）を持ち寄り、それを研究テーマとして再構成し、背景にある事がらや経験、意味等を見極め、自分らしいユニークな発想で、仲間や関係者と一緒になってその人に合った〝自分の助け方〟や理解を見出していこうとする研究活動[5]」だと説明する。そのエッセンスは、①問題に取り組む自己の主体性の取り戻しを志向し、②場を共有し対話する仲間とのつながりを重視し、③当事者にとって具体的な問題に照準することで「自分の助け方」を模索するものだといえる。これらを象徴するのが、浦河べてるの家での当事者研究の「キャッチフレーズ」、「自分自身で、ともに」である[6]。

当事者研究については、これまでにも様々に論じられてきた[7]。その多くは実践の報告や考察であり、示唆に富む一方で、実証研究のフィールドとして当事者研究がおこなわれている場を取り上げたものは多くない。二〇一〇年代半ば以降はアカデミズムとの接続も盛んにおこなわれているが、当事者研究がおこなわれている場の経験的な分析は十分とはいえない。さらに、本章の主題である「個別性・多様性と共同性をいかに両立させるか」という点は、「自分自身」でありながら「他者とともに」あるとはどういうことか、すなわち「仲間」とは何かという問いに関わるため当事者研究にとって核心的だと思われるが、あまり正面から問われてはこなかった。

本章では、づら研という具体的な場のなかで、参加者がどのように語り合い、そこにどのような共同性が表れているのかについての考察を通して、「生きづらさにはどのような多様性があるのか」「多様な生きづらさはいかに共有されうるのか」といった問いに迫る。以下の内容は、二〇一四年四月から一九年十一月までの定例会でのホワイトボードの記述と筆者の参与観察記録、および一五年一月と一九年八月から九月におこなわれた一部参加者へのインタビューに基づきながら、総体としてのづら研での参加経験をもとに記述する。なお、匿名性に配慮するためデータは実態から外れない範囲で大幅にまとめるか、一部を改変してある。

3 多様性に立脚したつながりとは何か

づら研は、二〇一一年に大阪のNPO法人が運営する十八歳以上の人のための居場所「なるにわ」のプロジェクトの一つとしてスタートした。月に一回、約四時間おこなう定例会では、様々な生きづらさを抱えた二十代から五十代くらいまでの人々が十人から十五人ほど集まり、「逃げ道の研究」「怒られるのが怖い問題」など独自のテーマで語り合う。語りの内容はホワイトボードに記述し、参加者が流れを共有できるようにしている。

づら研の目的は、自身の生きづらさを他者と共有しながら探ることである。就労・就学や症状の改善といった直線的なゴールは設定せずに、生きづらさを抱えた自己について語り合うことが主な活動内容になっている。参加の条件は緩く、何らかの生きづらさを抱えて参加を希望する人は、一回五百円で誰でも参加することができる。

づら研では、「なるにわ」の主宰者である山下耕平氏が司会を務め、私はコーディネーターとして関わっている。司会・コーディネーターは、参加者の対話を促進するようはたらきかけると同時に、一人の参加者として発言もする。山下氏は不登校の子どもの居場所のスタッフを経験しており、私は不登校研究者であることから、参加者にも不登校や引きこもりの経験者が比較的多い。とはいえ、不登校や引きこもりの経験は参加の条件になっておらず、づら研には様々に異なる背景をもつ人々が参加している。

づら研において現れる生きづらさの多様性

以下では、づら研でしばしば可視化される多様性のうち代表的なものを挙げてみたい。

①〈名前のない生きづらさ〉／〈名前のある生きづらさ〉

当事者研究をおこなう人は、しばしば自己紹介のかわりに自らの困難に名前をつけ、「自分が抱える生きづらさとは何なのか」を語る。その際、「病」「障害」「貧困」「暴力被害」など、何らかの問題が突出しているケースと、例えば「中流以上のそれなりに愛情深い家庭で育ち、病や障害があるわけではないが、人間関係にしんどさを抱え安定して働けない」など、これと名指しやすい問題がみられないため聞き手の理解の枠組みから漏れ落ちやすいケースがある。前者を〈名前のある生きづらさ〉、後者を〈名前のない生きづらさ〉と呼ぶことができる(8)。〈名前のある生きづらさ〉はしばしば苛烈で、安易な共感を拒む。そのため〈名前のない生きづらさ〉を抱える参加者はその前に沈黙しがちになり、「それに比べれば私など」といわば「生きづらさの重さ比べ」を始めてしまったり、その反動で「わかりやすい生きづらさをもつ人は、周囲からの同情や支援的態度を向けられやすくてうらやましい」といった感情が生じることがある。逆に〈名前のある生きづらさ〉を抱える人からは、〈名前のない生きづらさ〉は「本人次第で何とかなるもの」と感じられる場合があり、可視化される自らの経験の重みに耐え難さを覚えてしまうといったことも起こる。

問題のみえやすさと本人の混乱や苦しみの程度は、必ずしも比例しない。特に不登校・引きこもりでは、「合理的な理由なく学校・社会とつながらない状態」が問題化されてきた歴史的経緯があり、「名前のない生きづらさ」をすくい上げることがづら研の関心の一つだった(9)。そうした文脈を踏まえ、づら研では〈名前のない生きづらさ〉と〈名前のある生きづらさ〉の両方の語りを尊重する場であることが重視されている。

②所属と就労の有無

づら研には、不登校や引きこもりを経験している参加者が多い。そのなかにも多様性があり、長期的・断続的な無業・無所属の状態の人もいれば、不登校の経験があっても現在は大学生や大学院生である人、引きこもっていた期間があってもその後パートタイムなどで働いている人もいる。他方で、不登校も引きこもりも経験せず学卒後に就労したものの、何らかの事情で働くことから漏れ落ちた人もいる。「普通に働いている」ようにみえる人や、「主婦」という立場の既婚女性も参加している。あるいは、新聞記者や編集者などメディア関係の仕事をしている人が、問題意識と取材の意図をもって参加することもある。引きこもりや発達障害などの自助活動をおこなっている人が来たりもするし、医療専門家や引きこもる人の家族が参加することもある。

参加者の社会的な所属や立場については、づら研ではあまり焦点化されない。新規参加者が複数人いるときには自己紹介が促されることもあるが、「呼ばれたい名」を名乗るだけで終わる場合も多く、その人が社会的にどのような立場の人かわからないことは多い。それよりも焦点化されるのは、「どのような生きづらさを抱えているか」ということである。そこでは、「働くこと」をめぐるしんどさと「働いていないこと」をめぐるしんどさ、学校生活のなかのしんどさと学校に行かなかったしんどさは、分節化されず、連続したものとして語られる。

それでも時折、例えば「自分は友人や恋人がいる大学生のようなきらきらした青春を過ごせなかった」と感じる人が、「大学生」という肩書をもつ参加者に対して、羨望の裏返しで問い詰める構えをとってしまう、などの葛藤は起こる。そのようなときには、司会やコーディネーター、ほかの参加者が介入し、ユーモラスな解釈をして笑いを差し挟んだり、少し異なる方向に話を展開したりして調整している。

③賃金労働をしないでいられる経済的基盤

仕事を通じた社会との接続にきしみを覚える人にとって、働いて賃金を得る以外の経済基盤をどのようにもつかは重要な問題である。そうした経済基盤には、主として家族という私的なものと、生活保護や障害年金の受給といった公的なものがある。

　づら研に集う人のなかで、誰がどのような経済的基盤によって生活しているかはほとんど明らかにされない。家族というテーマは頻出するが、「親に受け入れられてきたか」という心理的な側面の比重が大きく、経済支援や介護などに言及されることは少ない。だが、心理面・経済面ともに実家のバックアップがあるかどうか、特に中・高年世代にとっては親が「元気」でいるかどうかは大きな問題である。どれほど精神的に苦しくとも、親の経済援助がなければ「仕事をしないでいる」ことのハードルは上がるし、経済的理由で離家できず実家が不便な場所にある人では、そもそも当事者研究の場に来ること自体が難しい。

　生活保護や障害年金というテーマも、づら研の場で語られることはほぼないといっていい。ふとした流れで受給の事実が明かされることがあっても、そうした話題はそれ以上「突っ込まれる」ことは少なく、しばしば流される。他方で、障害者手帳を取得して事業所を利用することをめぐるアイデンティティの葛藤などについては時折話題にのぼることがある。

　経済基盤の話は、ある意味で「タブー」になっているようにもみえる。それはこの話題が、現実には連続線上に配置された様々な生きづらさを「制度に包摂されるもの／されないもの」「家族という私的条件に恵まれたもの／恵まれないもの」に否応なく二分し、それを通じて参加者たちを、金銭という資本主義のもとで生を成り立たせる圧倒的な局面で分断するからである。実際に、二〇一九年には「お金」というテーマが参加者から提案されたが、提案者自身が「難しいかもしれないが」という留保をつけており、その困難さを司会・コーディネーターやほかの参加者が共有したこともあって、現在のところ実現していない。

④ジェンダー

づら研の参加者は、七対三ほどの割合で男性が多い。全体を通してみればジェンダーに関連した発言は多くないが、テーマによってはジェンダー差が明らかになることもある。例えば「ハリボテの研究」(二〇一七年十一月)という他者に対する自己の偽装を扱った会では、化粧やファッションなどで外見を整えるべきとする圧力は女性のほうが受けやすいことが見いだされ、「弱さと強がりの研究」(二〇一九年四月)では、感情の抑制を求められる男性のほうが弱さを表出しづらく、相談できない傾向にあることが言及された。

ただし、ジェンダーについて議論される際も、「男性稼ぎ主としての夫・父」「ケアの担い手としての妻・母」といった伝統的な女らしさ・男らしさが焦点化されることは少ない。

例えば二〇一四年九月の会では、参加者の一人である既婚の五十代男性から、『クローズアップ現代』の「男はつらいよ」というテレビ番組の特集を参考に男性性について語り合うことが提案された。[10]この番組は、「男は外で働き一家を支えるもの」と考えている五十代男性や、長時間労働をしながらも「イクメン」でいられるように努力する三十代男性らの事例を通して、現代の男性の生きづらさを考えるというものだった。提案者の意図は、引きこもりや非正規雇用の男性の苦しみが部分的に「一家の稼ぎ主にならなければ」という規範の内面化に起因していると想定し、この点を考えるものだったように思う。だが、こうした「男性の生きづらさ」は、ほかの参加者たちに共感をもって受け止められるよりも、「わからない」という曖昧な反応をより喚起したようにみえた。これは、参加者たちの多くが「男性＝稼ぎ主」とする規範に意識のうえでは縛られながらも、実際にそうなることから疎外されていた点に関わるだろう。

性差別やジェンダー規範は社会の現実の一部であり、社会とのつながりが希薄であればそれらのリアリティもまた薄くなる面がある。その意味でジェンダーという視角は、性差だけでなく世代――「社会に出て行く」のが、雇用の流動化が進んだ一九九〇年代半ば以前だったか以後だったか――に関する差異も際立たせるといえる。

「つながれなさを通じてつながる」

以上にみてきたように、づら研の参加者たちは多様な背景をもっており、会では共通性とともに差異が前景化する場合も多い。づら研の実践そのものが、身体や日常の振る舞い、感覚や感情のレベルで個別性に焦点を当てており、あえて差異を可視化させている面もある。では、そうした差異をもつ人々がつながるとは、どういうことなのだろうか。

づら研でのつながりは、「生きづらさをめぐる個別のストーリーを非専門家集団のなかで語り、聞かれる」という「場」の経験を通じて生成する。私たちが暮らす社会では、生きづらさに焦点を当てる語りは一般の人間関係から除外されがちであり、主として心理専門家の手に委ねられている。そのため、「専門家―クライアント」という制度化された権力関係を離れ、「平場」の関係性のなかで生きづらさを語ること自体が、「生きづらさを抱えた自己」が一般的な人とのつながりのなかに位置づけられていくうえで重要な経験になりうる。

そこで鍵になるのは「聞く」という行為である。づら研での聞く行為は、主として「反応しながら聞く」「場で聞く」「違和感も聞く」という三つの側面から成り立っている。

第一に「反応しながら聞く」という通常の日常行為の延長としての聞く行為がある。例えば「友達だと思っていた相手が離れていってしまい、「なんで？」という思いをもったが、気持ちを伝えられなかった」という参加者の語りに対して、「わかる気がします」（共感）、「相手に対していい人でいたかったのかな」（解釈）、「そのあとの関係はどうなったの？」（促進）、「職場の人間関係とかでもありそうですね」（テーマの拡大）など、多様なかたちで反応が返される。これらの反応を得ることで、語りは場のなかに受け止められていく。

づら研では、アルコール依存の自助グループ・アルコホリクス・アノニマス（ＡＡ）のような「言いっぱなし・聞きっぱなし」といったルールはない。参加者の自由な反応を抑制しないため、発言者の意図しないところで語り手が傷つく可能性は残る。これを少なくするために、場の流れに違和感をもった参加者が、言語化する負荷を負うことなく違和を表明できるよう、紙製のカードが設けられている。「ジャッジはいりませんの」「ズレてます」などと書かれたカードが机上に置かれていて、必要な人はいつでも掲げることができる。実際にカードが使用される頻度は少ないが、その存在が、例えば「評価的なコメントは抑制すべき」といった暗黙の了解を参加者が分かちもつのに役立っている。傷を抱えた人同士の対話を促進するには、語られる経験に対して「いい／悪い」などの評価を下すのではなく、まずは受け止めることが重要だからである。とはいえ、背景の異なる人が集えば当然、相いれない意見や不同意の気持ちも表出されうる。これについては後述する。

　第二の「場で聞く」とは、「相手の話を受けて自分の話をする」という、派生としての自己語りに関わる。例えば前にみた参加者の語りに対しては、「私も似た経験をしたことがあります。不登校だった頃にたった一人の親友だった子がいたんですが、あるときから連絡しても無視されるようになって……」というようにほかの参加者が自分の話をしはじめた。このように、話は連想ゲームのように転がっていき、新しいテーマがみえてくることも多い。ここでの「語る」という行為は、初発で「あなたを聞きました」というメッセージを伝えているのであり、「語り手—聞き手」関係は二者の間で閉じるのではなく、玉突き式に展開していく。その意味で、づら研での聞き手は一人ひとりの参加者ではなく、その集合体としての「場」であるといえる。

　第三の「違和感も聞く」とは、不同意や葛藤の表出を歓迎することである。例えば、前にみた参加者の語りに対しては、共感的なコメントが寄せられた一方で、別の参加者からは「わからない。そこまで繊細に考えなくても、思ったことをはっきり伝えて、お互いにすり合わせればいいのでは？」という語りが差し挟まれた。これに対しては司会が発言し、「それもある意味まっとうな意見ですね」とした。違和感を表明する語りを受け入れながら、それを差し向けられた側が「否定された」と感じ取らないための、調整的介入といえる。

　また、個々の感覚の相違だけでなく、異なる属性や状態に基づいた「私はそうは考えない」という意見の相違が表明されることもある。これについても、司会やコーディネーターが介入する。だがそれは「なるほど、そういう考えもありますね」などと調整しながら、参加者たちが「本音の意見を言っても排除されない」という実感をもつための介入であり、意見の相違について議論を戦わせるためのものではない。ただし、「男と女では脳が違っていて」「日本人の性質だから」などとある属性を特定の印象と同一視しその属性の内部の差異を抑圧するような意見については、ジェンダー論やエスニシティ論などの知見を提供するなどして、会話の方向性を操作することがある。

このように、づら研では、あくまでも非専門家同士の「普通の人間関係」の延長でありながら、場に開かれた対話のかたちをとり、小さな違和感も排除されないことを目指している。そこでの共同性とは、いわば「つながれなさを通じてつながる」という逆説のうえに成り立つものである。

第2節で述べたように、個々の生きづらさは複雑化していて、属性や経験の同質性を掲げる集団性ではすくい取れなくなっている。そうした意味で、づら研の参加者たちは個々の生きづらさに加えて「つながれなさ」を感じており、その孤立感がさらに生きづらさを深くしている側面がある。具体的にいえば、「生きづらさに対処しようとほかの自助グループや支援の場を訪れたが、発言が受け止められずなじめなかった」という経験をもつ人は少なくない。づら研は、そうした人々に「こうすればつながれる」という直接的な解を提示することはできない。だが、そうした孤立感を開示しあい、受け止め合うことで、競争と分断に引き込もうとする時代の引力から距離をとり、「自分とは何か」をともに考えていく土台を作ることはできる。これを踏まえれば、当事者研究のキーワードである「仲間」とは、あらかじめ特定できる「何らかの同質性を帯びた人々」ではなく、個々の生きづらさを通じて出会い、生きづらさを探究する場と時間を共有するプロセスで培われる、現在進行形の共同性のことではないだろうか。

象徴的な例を挙げよう。づら研ではかつて、ある参加者が「みんなの話を聞いていると、自分のような存在がここにいていいのかな、と思ってしまうことがある」と語ったことがあった。自分とは異なる経験をもつ人々の語りに耳を傾け続けることは、しばしば参加者にある種の「居心地の悪さ」を感じさせる。「不登校を経験していない自分には、暴力の被害者だったことがない自分には、この場にいる資格がないのではないか」と感じてしまうのだ。この居心地の悪さの表明に対し、「自分もそう思うことがある」とその場の多くの参加者たちは共感を表したのだった。「自分はこの場にいるほかの人と違っている」という孤立の感覚は、開示され、受け止められ、「自分だけではないのだ」と知ることで連帯の感覚へと接続されていった。

実践は常に進行形で流動的であり、「成し遂げられた」と思った次の瞬間に「破綻している」と感じられることも多い。だが、異なる生きづらさを抱える人々のつながりは、こうした方向性を目指しつづける過程のなかに存在するほかないようにも思われる。「つながれなさを通じてつながる」とは、そうした過程でみえてくる連帯の形式の一つといえる。

おわりに

以上では、「生きづらさからの当事者研究会」(づら研)の実践から、「多様な生きづらさを抱えた人々がどのようにつながるか」という点を考えてきた。づら研には、生きづらさの内容や所属の有無、経済基盤、ジェンダーなど様々な差異を帯びた人々が集うが、そこでは「つながれなさを通じてつながる」という逆説的な共同性があった。その共同性は、非専門家同士の対話的な場で、様々な生きづらさの語りを互いに受け止めることを通じて生成していた。

最後に、こうした実践が現代日本社会の生きづらさへの支援を考えるうえで、どのようなヒントになるかを考えておこう。個人の生きづらさに照準した対話的関係形成の実践は、制度の変更を迫る社会運動などに比して、展望がミクロな水準にとどまっていると感じる向きもあるだろう。だが、引きこもり支援にしろ「氷河期世代」の雇用促進にしろ、当事者の現状を変えようとするあらゆる営みは、当事者のニーズに即して、細かな違和感もすくい上げながらなされる必要がある。そうでなければ、どのような優れた支援であっても、利用するうちに当事者のなかに「何か違う」というずれが膨らみ、持続可能でなくなる場合が少なくない。当事者研究をはじめとする対話的な場の実践は、矛盾や葛藤を含む混沌とした当事者のニーズに言葉を与え、「私はこうしたい」と語ることを可能にすることで、当事者を支援される客体から支援を「使っていく」主体へと変化させる基盤になりうる。

しかしながらその一方で、当事者研究が広がる背景に、「個々の責任で自分の人生を〈良く〉せよ」とする新自由主義の要請があることも見逃せない。(11) 弱さを抱えた存在が積極的な「自己治癒の主体」になれば、それはある意味で、「低コスト」な社会秩序保持のための対策の一つになりうるだろう。例えば、教育や労働の領域で排除された人々が、医療・福祉での救済を求めることなく「主体性」を強化して就労へと水路づけられうるとなれば、いびつな年齢別人口構成と財政を圧迫する医療・福祉予算にあえぐ日本では歓迎されるかもしれない。だが、財政的課題に取り組むことは重要だとしても、当事者のニーズを後回しにしては、当事者研究は換骨奪胎されてその意義を喪失してしまう。

そうした方向に向かわないために、重要なのは共同性だろう。づら研の源流である日本の不登校・フリースクール運動は、多様性と自由という価値を志向してきた。一九八〇年代に「画一的な学校からの解放」「非管理的な共同性の創出」と結び付いていたそれらの価値は、グローバル化する現在では、分断や孤立と、より結託しているようにみえる。そうしたなか、づら研はこれらの価値を引き継ぎながら、時代に合わせて更新し、多様性と自由を共同性へとつなぎ直す可能性を探究する一つの試みでもある。

このことは、フリースクール運動に限らない。女性運動や障害者運動、在日運動など様々な場面で、運動が解消を目指してきた社会の問題は依然として存在するにもかかわらず、当事者たちが集合的に主張し行動することが困難になっている。本章の知見からいえるのは、そうした場合には、一つの運動の物語に多様な個人を押し込めることで統合をはかるよりも、個々の差異や違和感を積極的に表明できる場や関係性を生み出しつづけるプロセスのなかに、新たな連帯の形式を見いだしうる、ということである。(12) それは、多様性と自由を、分断と孤立ではなく、異なる他者との出会いや共生に向けて開いていくための一つの道だろう。

注

（1）貴戸理恵『「コミュ障」の社会学』青土社、二〇一八年、四四ページ

（2）玄田有史『仕事のなかの曖昧な不安――揺れる若年の現在』（中公文庫）、中央公論新社、二〇〇五年

（3）森田洋司編著『不登校―その後――不登校経験者が語る心理と行動の軌跡』（教職研修総合特集）、教育開発研究所、二〇〇三年、文部科学省「「不登校に関する実態調査」――平成18年度不登校生徒に関する追跡調査報告書」文部科学省、二〇一四年（https://www.mext.go.jp/a_menu/shotou/seitoshidou/1349949.htm）［二〇二〇年九月三日アクセス］

（4）綾屋紗月編著『ソーシャル・マジョリティ研究――コミュニケーション学の共同創造』金子書房、二〇一八年

（5）向谷地生良「当事者研究とは――当事者研究の理念と構成」当事者研究ネットワーク、二〇二〇年（https://toukennet.jp/?page_id=56）［二〇二〇年九月三日アクセス］

（6）浦河べてるの家『べてるの家の「当事者研究」』（シリーズケアをひらく）、医学書院、二〇〇五年、五ページ

（7）石原孝二編『当事者研究の研究』（シリーズケアをひらく）、医学書院、二〇一三年、熊谷晋一郎『当事者研究――等身大の〈わたし〉の発見と回復』岩波書店、二〇二〇年

（8）この名称は、づら研の司会・事務局を務める山下耕平と不登校経験者のライターである野田彩花の共著『名前のない生きづらさ』（〔シリーズそれぞれの居場所〕、子どもの風出版会、二〇一七年）からとっている。

(9) 前掲『「コミュ障」の社会学』
(10)「男はつらいよ 2014――1000人〝心の声〟」『クローズアップ現代』NHK、二〇一四年七月三十一日放送
(11) 千葉雅也/松本卓也/小泉義之/柵瀬宏平「共同討議 精神分析的人間の後で――脚立的超越性とイディオたちの革命」「表象」第十一号、表象文化論学会、二〇一七年
(12) 例えば、森山至貴『「ゲイコミュニティ」の社会学』(勁草書房、二〇一二年)は、ゲイコミュニティでの「ついていけなさ」に注目し、「ついていけなさ」のなかでつながろうとするゲイ男性の姿を描いている。

第6章　「同じ女性」ではないことの希望

――フェミニズムとインターセクショナリティ

清水晶子

はじめに

どのくらいの人々がそのことに気づいていたのか、気づいているのかは、わからない。けれども、二〇一八年の夏あたりから二一年の現在に至るまで、日本のフェミニズム、特に日本語圏のSNS（会員制交流サイト）で展開されたフェミニズムは、大きな問題を抱えてきた。女性あるいはフェミニストを名乗るアカウントによる、SNS上でのトランス女性（生誕時に法的に付与された性別は男性だが、女性としての性自認がある／女性として生活する人）への集中的な攻撃である。

二〇一〇年代の後半といえば、日本でも第四波的なフェミニズムが目につくようになってきた時期である。第四派フェミニズムとは、一〇年代に様々な地域で盛り上がりをみせたフェミニズムで、SNSをはじめとするウェブメディアの活用はその最も顕著な特徴の一つとされる(1)。日本のフェミニズムや女性運動に少し関心がある人なら、TBS記者だった山口敬之を皮切りに名の知れたジャーナリストやアーティストに対して性暴力やハラスメントを告発した日本での #MeToo や、性暴力事件に対する裁判所の無罪判決への抗議をきっかけとするフラワーデモ、女性に対する職場でのハイヒール着用義務づけへの反対から職場や就職活動での性差別に異議を唱える #KuToo など、一〇年代後半のいくつかの動きをすぐに思い浮かべることができるだろう。

しかしその背後で、ウェブフェミニズムのダークサイドともいえる動きが進行していたことに、どれだけの人が気づいていただろうか。あるいは、注意を払っていただろうか。「オスの身体の持ち主なので」「メスの身体をもつがゆえの差別や不利益を被ったことがないので」あるいは「女性としての生育歴をもたないので」(理由はほかにも様々に提示されるのだが)トランス女性は女性ではない、と唱えるこれらの主張が、そしてそれらの主張がSNS上のフェミニストたちに看過され、ときには積極的に受け入れられさえしたことが、なぜ――攻撃対象であるトランス女性にとってだけではなく――フェミニズムそれ自体にとって大きな問題なのか。この問いに答えるには、二十一世紀のフェミニズムにとって、そして「多様性の推進」にとって、その重要性がいっそう増しつつある〈インターセクショナリティ〉の観点を確認する必要があるだろう。

本章では、ＳＮＳ上で大っぴらに、しかしあまり注意を払われることなく進行したトランス女性への攻撃という事象を出発点として、インターセクショナリティについて考えてみたい。

1 「#トランス女性は女性です」

日本語ＳＮＳ上でのトランス女性への攻撃の激化は、二〇一八年七月、お茶の水女子大学がトランスジェンダー女性にも大学受験資格を認めると発表したことが一つの大きな契機だといわれている。[2]ここでその経緯の詳細に立ち入ることはしないが、この攻撃にきわめて特徴的であり、とりわけ日本語圏での従来のトランスフォビアの表出と大きく異なっていたのは、これがいわゆる「伝統的」な家族関係や性役割を維持しようとする道徳的保守の主張としてではなく、むしろ女性の権利と安全を擁護する主張として現れたことだった。例えば、トランス女子学生を女子大学が受け入れることは、生誕時に付与された性別が女性である学生の教育の機会をそれだけ奪うことになる、という主張。ペニスをもつトランス女性が女性用の公衆トイレを使うことは「女性」の安全と安心を脅かす、という主張。あるいは「男性特権」を享受して育ったトランス女性を女性と呼ぶことは、「女性」の被差別体験や被害を尊重しないことだ、という主張。[3]

これらはいずれも、女性というカテゴリー、女性の空間、女性の大学やコミュニティなどをシスジェンダー女性（トランスジェンダーではない女性）だけに開かれたものと考え、トランス女性をそこに属すべき〈女性〉とは異なる存在と見なす主張である。このようなトランス嫌悪的な主張への反論を集約し可視化するべくSNS上で提唱されたハッシュタグが「#トランス女性は女性です」だったのは、したがって、いわば自然な流れだった。ハッシュタグ「トランス女性は女性です」は英語の #TransWomenAreWomen に倣ったもので、日本語「Twitter」上では二〇一八年末から確認できる。

「トランス女性は女性だ」が意味するのは、例えば外国籍の女性も日本国籍の女性も女性であるように、黒人の女性も白人の女性も女性であるように、あるいは貧困層の女性もいわゆる世界の一パーセントに属する超富裕層の女性も女性であるように、女性にはトランス女性もそうではない女性(シスジェンダー女性)も含まれる、ということだ。言い換えれば、ここで主張されているのは、例えば国籍や人種、あるいは経済状況が異なっても女性は女性であるように、生誕時に付与された性別が何であったとしても女性は女性だ、ということになるだろう。だとすると、こうもいえるだろうか。つまり、トランス女性もシスジェンダー女性も同じ女性なのだ、と。

トランス女性は女性ではないと考えるトランス排除派は、いうまでもなくこの問いにはノーと答えるだろうし、そもそもシスジェンダーという用語自体を拒否することも多い。〈シスジェンダー女性〉という存在を認めれば、同時に、シスジェンダーではない女性の存在をも認めることになってしまうからだ。彼女たちはしばしば、私はトランス女性を差別したいわけではないのだ、と説明する――ペニスをもっている、あるいは「女性」の身体をもっていない、あるいは女性として差別されて育っていないようなトランス女性も自分と同じ女性だといわれることに納得がいかないだけだ、トランス女性は女性とは違うのだ、と。しかし、トランス女性が女性であれば、トランス女性はシス女性と同じ女性だということになるのだろうか。その二つは必ず同じことを指しているのだろうか。

鈴木みのりは、規範的なシス女性とは「異なる」自らの経験を語った文のなかで、このように書いている。

> シスにしろトランスにしろ、「わたしは女（男）です」と名乗れる人たちもいるのに、わたしにはできない。自分の声の低さや骨格などの身体の状態は規範的な「女性」とは異なるから。出産する機能を有してないから。説明しようと思えばできるけれど、本当はそんなに単純じゃない。[4]

「「女性」として〔の〕整合性」に気を使い、「「自分は女性である」と〔の〕実感」を求める彼女が、それでも女と名乗ることをためらうのは、自分を女性であると考えないからではない。身体の状態や出産機能が違うからという説明にしても、「本当はそんなに単純じゃない」。自らが経験するジェンダー規範への違和感とともに彼女への共感を表明するシス女性に対し、鈴木はそのような「素朴な共感の言葉」を「理解はできる」としながらも、「自分のジェンダーについて常に問われ続けるという経験があなたにはあるのか、と尋ねたくなる」。そして、「トランス女性も女性です」という「単純化」は「まとめきれない様々な人々の声」をかき消してしまうのではないかと危惧する彼女がその呼び声に「乗り切れなかった」と書くのは、まさにこのように明示される経験の差のゆえではないだろうか。言い換えれば、彼女が「わたしは女です」と名乗れない／名乗らないのは、シスジェンダー女性が服装や振る舞いに女性らしさを求められる経験、あるいはジェンダー規範への違和感を覚える経験と、トランスフェミニンな人々のそのような経験とは、同じものではない、と彼女が感じているからではないか。〈女性〉という語が圧倒的にシス女性の経験だけを指し示すものと理解されている現状で、その理解を保持したままそこにトランス女性の経験を「単純」にまとめてしまったら、彼女たちの経験の固有性はかき消されたままになってしまう、と。だとすれば、一見逆説的にみえるかもしれないが、私たちはこう考えるべきではないだろうか――「トランス女性は女性だ」と言うことは、トランス女性とシス女性とは同じ女性ではないと言うことでもある、と。

2　インターセクショナリティ

あの女性と、この女性とは、必ずしも同じ女性ではない、ということ。しばしば「女性なら誰でもわかる／経験したことがある」などと言及される経験は、しかし、必ずしもあらゆる女性にとっての経験ではない、ということ。きわめて当たり前のことだが、女性がみな同じ一つの何かを共有しているわけではない、ということ。

フェミニズムは何度も何度も繰り返しこの問題に突き当たり、そこにつまずき、そしてそのことを通じてより豊かなものになってきた。フェミニズムが目指すのは、第一には、女性の権利と尊厳とが男性のそれと同等に尊重される社会の実現である、といえるだろう。しかし、そのときの〈女性〉とはどの女性なのか、誰を指すのか。そのように問われることを通じて、フェミニズムは、自らが想定してきた〈女性〉とは異なる出自や経歴、感情や技能をもつ〈女性〉がありうること、異なる身体の形状や使い方をし、異なるかたちで社会との関係を結ぶ〈女性〉がありうること、すなわち、女性の生の経験と可能性はフェミニズム自身が想定してきたものよりもはるかに多彩であることを学んできたのである。

例えば、ベティ・フリーダンは妻であり母であることだけが期待される戦後アメリカ家庭の主婦たちの満たされなさを「名前がない問題」として取り上げ、一九六〇年代にいわゆる第二波フェミニズムの嚆矢になった。けれども、これはもっぱら白人中流階級の女性にとっての問題であって、最初から私的領域としての家庭に閉じこもるような経済的余裕がないことが多かった労働者階級や有色人種の女性たちにとっての最大の課題ではなかった。特定の若く美しい白人女性イメージが男性の欲望のまなざしの対象として銀幕上で理想化されることは、その理想像に近づくことを期待される白人女性と、そもそも理想像に近づきうる可能性を欠く存在としてスクリーンから排除されることが多かった有色人女性とにとって、それぞれ異なる問題をはらむことになったし、スクリーン上の女性を欲望をもってまなざす女性たちは、さらに別の問題に直面することになった。

〈女性〉というカテゴリーの同一性を問い直し、フェミニズムの政治に〈女性たち〉の複数性を意識的に取り込もうとするこのような観点を、一九八〇年代の終わりにキンバリー・クレンショーは「インターセクショナリティ」と名づけた。ブラック・フェミニストの伝統を引き継いだクレンショーは、人種差別と性差別とはバラバラに切り離された問題ではなく、その両者の交錯の仕方を考えなくてはならない、と主張する。ジェンダーだけ、あるいは人種だけ、というように一つのカテゴリーだけを軸として差別を考え、同定し、是正しようとすると、それぞれの集団でそれ以外の点では特権を付与された人たちの経験だけが取り上げられることになってしまう。

言い換えれば、人種差別の場合には性別や階級で特権をもった黒人についての差別が検討される。性差別であれば、人種的、階級的に特権をもった女性に焦点が合わせられる。(5)

そこでは、白人女性とも黒人男性とも重なることがありながら、同時にそのどちらとも異なる黒人女性の経験は、見落とされてしまう――「彼女たちは、しばしば人種に基づく差別的実践と性別に基づくそれとが結び付いた二重差別を経験する」だけでなく、「彼女たちは黒人女性としての差別を経験することもある。人種差別と性差別の合計ではなく、黒人女性として差別される」(6)。

クレンショーはこのような黒人女性の被差別経験を「四方向全部に行き来があるような、交差点(インターセクション)での交通」になぞらえる――差別はあっちからくるかもしれないし、こっちからくるかもしれないし、全部の方向からきているかもしれないのだ、と。ジェンダー、人種、階級、性的指向や心身の「健常」性などの様々な要素、クレンショーの例でいうなら様々な方向に走る交通の流れが、いかに互いに関わり、交錯して、個々の女性たちが経験する差別構造を作り上げているのか。そこに着目するのが〈インターセクショナリティ〉の観点である。インターセクショナリティという語が採用されているか否かは別として、このような観点自体は、とりわけ一九八〇年代後半から九〇年代にかけて台頭する第三波以降のフェミニズムにとって、それを抜いては語ることができない重要な特徴になっていった。

ただし、藤高和輝も指摘するように、この観点がまったく新奇なものとして降って湧いたように唱えられたわけではなく、ブラック・フェミニズムを中心として第二派の時期から引き継がれたものだったことには、注意をしておきたい。(7) クレンショーを待つまでもなく、ブラック・フェミニズムはそもそもが人種差別を語るときには黒人男性が、性差別を語るときには白人女性が基準になりがちな傾向に抵抗して立ち上げられてきたものだったし、欧米のフェミニズムにみられる西洋中心主義を批判し一九八〇年代後半のポストコロニアル・フェミニズムへと連なっていくいわゆる「第三世界のフェミニズム」を促したのも、同様の問題意識だった。第三波の重要な一角を担うことになるクィア理論にしても、フェミニズムの内部でその異性愛主義を批判したレズビアンの理論家たちの仕事の直接の延長線上に位置づけられるものだった。

3 「交差」の誤解

それでは、第三波とほぼ時を同じくして提唱されたインターセクショナリティとは、それ以前にフェミニズムの様々な局面で主張されてきたことと、その発想において何ら変わるところがないのだろうか。第2節でみてきたように、インターセクショナリティの観点は、まず、マイノリティ女性からより主流のフェミニズムに投げかけられる問いとして表れていた。そのようないわば傍流からの観点に新しい名前が与えられ、第三波以降の時代でその重要性がより明確に認識された、ということなのだろうか。

再びクレンショーの議論に立ち戻ってみよう。彼女は「四方向全部に行き来があるような、インターセクションでの交通」について語り、いわば、複数の方向に走る道路が交錯して個々の女性たちが経験する差別構造の総体を作り上げている、と論じたのだった。複数方向の道路が交わる地点で起きる差別への着目は、最もシンプルに複合差別をイメージしたものといってもいい。人種差別という車が走ってくる道路と、性差別という車が走ってくる道路があり、交差点ではそのどちらの車にひかれるかわからない。運が悪ければ両方にひかれてしまうことも十分にありうる。まさしくそのようにして黒人女性は、人種差別と性差別、その両方の差別を経験している、というわけだ。しかし、クレンショー自身がインターセクショナリティの説明として持ち出すこのイメージは、実のところ誤解を招きかねず、彼女の議論の非常に重要な部分をわかりにくくする可能性があるように思える。

交差点の比喩を使ってインターセクショナリティを説明したすぐあとで、クレンショーは「人種に基づく差別的実践と性別に基づくそれとが結びついた二重差別」と「人種差別と性差別の合計ということではなく、黒人女性としての差別」とを並べて語っている。前者はいわゆる複合差別の説明といえるだろうが、クレンショーがそれと「黒人女性としての差別」とをわざわざ区別していることには、注意を払う必要があるだろう。黒人女性として受ける差別は、単に人種差別と性差別との「合計」ではなく、それらと異なる性質をもちうる、とクレンショーは主張する。インターセクショナリティはまさにそのような経験の差異に着目する視点として提唱されるのだ。

インターセクショナルな経験は人種差別と性差別との合計を超えるものであり、だからこそ、インターセクショナリティを考慮しない分析では、黒人女性たちの従属の特有の様式を十分に扱うことができない(8)。

つまり、人種差別という均一な経験と、性差別というそれとは異なる、しかしやはり均一な経験、その二つの経験をバラバラに持ち寄ってみたとしても、それだけで「インターセクショナルな経験」を説明することはできない。インターセクショナリティの観点が示唆するのは、黒人男性と黒人女性とはいつも同じように黒人であることを経験するわけではなく、白人女性と黒人女性もいつも同じように女性であることを経験するわけではない、ということなのだ。
「人種差別の場合には性別や階級で特権をもった黒人に（略）性差別であれば、人種的、階級的に特権をもった女性に」焦点が合わされてしまうことに対するクレンショーの批判は、まさしくここに関わる。黒人男性とは異なるものとして黒人であること、そして白人女性とは異なるものとして女性であることを経験する黒人女性は、〈黒人であること〉の男性中心主義的な同一性と〈女性であること〉の白人中心主義的な同一性との双方に疑問を投げかける。交差点の比喩は、縦に走る一本の道路と横に走るもう一本の道路、それぞれ独立した別々の二本の道路があるような印象を与えるかもしれない。けれども交差点の存在が示すのは、その二本の道路がそもそもバラバラに独立して存在しているわけではなかったということだ。

インターセクショナリティという観点を理解するうえで、これは非常に重要な点である。黒人女性のインターセクショナルな経験に着目することが、男性中心主義的な〈黒人〉の理解と白人中心主義的な〈女性〉の理解の双方を批判的に問い直すのだとすれば、インターセクショナリティとは、複数の差別が折り重なる、限られた特別な領域への着目を促す観点ではない、ということができるだろう。ここで提唱されているのは、黒人の経験のなかでもとりわけ黒人の女性の経験に、黒人の女性の経験のなかでもとりわけ黒人のレズビアン女性の経験に、黒人のレズビアン女性の経験のなかでもとりわけ黒人のレズビアン障害女性の経験に、という具合に、いわばより周縁化された、より少数派の集団へと焦点を絞り込み続ける作業ではない。そうではなく、黒人の経験というときに視野から外されがちだった黒人女性の経験を、黒人の男性の経験とは異なる、しかしあくまで黒人の、経験として扱うことを要請するのが、インターセクショナルな観点である。その意味では、インターセクショナルな分析とは、焦点を絞り込む作業というよりは、これまで注意深く視野から外されてきた部分までを視野に収めるように焦点を絞り直して視野を広げていく作業だ、ともいえるかもしれない。

そして、この焦点の絞り直しこそ、第二波の終わりから第三波にかけてのフェミニズムが特徴的に強調した身ぶりだった。ポストコロニアル・フェミニズムは、西洋の「白い」フェミニストからも（旧）植民地の（ポスト）コロニアルな主体になった男性たちからも利用され、そして視野から放逐されてきた植民地の女性たちに焦点を当てることで、フェミニズムの白人中心主義とコロニアルな主体の男性中心主義を同時に逆照射しながらその隘路を切り開こうとした。クィア理論は、異性愛体制が「異常」「逸脱」として統制し排除してきた欲望のかたちやジェンダーのあり方を出発点として、異性愛主義的ジェンダー規範がどのようにそれ自身を維持していて、どこに変容の契機が生じうるのかを論じようとした。インターセクショナルな観点の重要性を主張したクレンショー同様、これらの議論は、特定の特権をもつ多数派に専有されてきたカテゴリーや概念を、すでにそこに含まれているにもかかわらずその存在を承認されないできた周縁的な存在に対して開くものだったのだ。そしていうまでもなく、フェミニズムの議論で最も重要なカテゴリーの一つであり、だからこそ第三波の様々なフェミニズムによって繰り返し問い直され、開き直しが試みられたのは、〈女性〉というカテゴリーだった。

4　同じではないことの連帯

こうして私たちは、第1節で確認した鈴木みのりの問いかけ――「トランス女性も女性です」と言い切る「単純化」は「まとめきれない様々な人々の声」を聞こえなくするのではないだろうか――の重要性へと立ち戻ることになる。「トランス女性も女性だ」という宣言が、あくまでもトランスジェンダーではない〈女性〉をカテゴリーの中心に据えたままでその端っこに新しくトランス女性を押し込むことを意味するなら、それはたしかに、シス女性とは異なるトランス女性の経験を、再び〈女性であること〉の外へと追いやる効果をもつだろう。そこでは〈女性〉がシス女性のことであるという前提は揺るがず、「トランス女性は女性である」のはあくまでもトランス女性がシス女性と同じ女性であるときに限られ、したがって〈女性〉というカテゴリーは開かれることがない。だからこそ、「トランス女性は女性だ」といえるためには、トランス女性とシス女性は同じ女性ではないことが了承されていなくてはならないのだ。

フェミニストの一部からのトランス女性に対する攻撃が日本に先駆けて激化したイギリスの状況を批判した論文の冒頭のセクションで、「シスジェンダーのレズビアン」であり「有色人種の女性」であるサラ・アーメッドは、私たちの存在を少しずつ削っていくような制度的差別の暴力を「ハンマー」と呼び、自分はトランス女性のフェミニズムと「ハンマーの類縁性」の関係を結ぼうとしている、と述べる。

なぜ類縁性という用語を使うのか？　トランスフェミニズムとは、複雑で多様なトランスの経験に基づき、そこから出発したものだと考えよう。私は、だから、自分がシスジェンダーとしての特権をもつ位置から書いていることを認める方法として、「類縁性」というのだ。私が書いているのは、特権のおかげで直接経験しないできたハンマーに触れることになった話である[9]。

つまり、トランスジェンダーに対する差別に反対する論文でシスジェンダーの女性であるアーメッドが最初におこなうのは、自分はトランス女性の経験を共有してはいない、自分が経験してきたハンマーとトランス女性たちの存在を削ってきたハンマーとは同じではない、と確認することである。その確認のうえではじめて彼女は、双方が経験したハンマーの「類縁性」を見いだそうと試みるのであり、そしてそれこそがインターセクショナリティなのだ、と彼女はいう。

インターセクショナリティとはこれなのだ。それは浮いたり沈んだりするということ、立ち止まったり進んだりすることであり、誰が私たちを受け入れるのか、私たちを通して何が受け入れられているのかによって、ある場合には通り抜けることができても、ほかの場合には足止めされてしまうことなのだ。自分も足止めされた経験があるときでさえ、自分たちが通り抜けることを許したものによって足止めされてしまう人たちのことを自動的にしっくり理解できるだろうとは決めてかからないのが、ハンマーの類縁性である[10]。

自分の歩みを押しとどめ存在を削り取る「ハンマー」の経験がほかのハンマーの経験の「自動的」な理解へと結び付かない以上、ハンマーの類縁性は意識的に獲得されなくてはならない――「私たちはそれを手に入れるべく努力するのだ」。

ハンマーで削られる経験とは、見方を変えれば、自分の目の前に立ちはだかる壁――差別や排斥を経験しない人々にとってはその存在さえ認識されない制度的障壁――に触れ、その存在をありありと感じ取る経験でもある。アーメッドによればハンマーで削られる経験は、だからこそ同時に、制度的障壁に注意を向け、抵抗のハンマーで壁を削ることを可能にする契機でもある――「接触は私たちにとってのチャンスなのだ[11]」。そしてまさにその点にこそ、私たちが同じではないことの了解を前提とするインターセクショナリティの観点の積極的重要性、ハンマーの類縁性の獲得に向けて「努力」すべき理由があるだろう。すなわち、私たちを削るハンマーがどれも同じであれば、逆説的なことに、私たちがその存在に触れることができる――言い換えれば、私たちが少しずつ削って突き崩すことができる――壁もまた、あくまでも一つにとどまる。しかし、私たちを削るハンマーは実際にはつながりながらも少しずつ異なっている。黒人女性と白人女性、階級や市民権のステータスが異なる女性たち、レズビアンとバイセクシュアル女性とヘテロセクシュアル女性、シスジェンダーの女性とトランス女性は、それぞれ少しずつ異なるかたちで女性であることを経験している。それぞれが女性であることによって制度的障壁に直面しているとしても、それぞれの壁は同じものではない。だとすれば、同じ一つのハンマーの暴力、同じ一つの壁の存在だけを認めてほかから目を背けるのは、この壁と近接し、それどころかこの壁とどこかでつながり支え合っている別の壁を同時に削っていくための「チャンス」を無にすることにほかならない。私たちの生を囲い込み食い止める複数の壁を突き崩す「チャンス」は、壁と私たちとの接触にあるだけではなく、私たちの壁とは異なる壁に向かって抵抗のハンマーを打ち込むほかの人々と私たちとの接触にもあるのだ。

> 壁を削っていくうちに、私たちを通り抜けさせたものによって止められてしまった人々に触れることになる。私たちは偶然に出会う。私たちはお互いの仕事を目撃し、その仕事を通じて互いを認め合う。そして、私たちが力を合わせるとき、私たちは武器を取る。私たちは声を上げる。私たちは蜂起する。[12]

連帯は、私たちがお互いの同じではない経験、同じではない壁、同じではない抵抗を互いに認めるところから、複数の「ハンマー」の同一性ではなく類縁性を見いだし獲得するところから、始まる。

おわりに

「トランス女性は女性だ」に〈女性〉経験の同一性への「包摂の声」を聞き取る鈴木みのりは、「ひとりの人間の中には複数の声や時間が流れて」いると述べ、「私たちには、「今・ここの、この現実」とは違うかたちの〝現実〟があり得るのではないか」[13]と問う。人を属性や関係性に還元しようとしても「実態はひとつのかたちに閉じているわけじゃない」と述べるとき、鈴木は、複数の人からなる集団だけではなく一人ひとりの個人についても、それを形作る揺るぎない同一性の前提に疑問を投げかけている、といえるだろう。

しかしこれを、インターセクショナリティが前提とする――例えばトランス女性とシス女性との――同じでなさの主張の放棄と理解すべきではない。鈴木がすぐに続けて「それでも「この身体」から離れられない」と書くように、「今・ここの、この現実」の差異、それぞれの「この身体」の前に立ちはだかる壁の違いは、はっきりと存在する。それでも、私の「この現実」と私がこれまで気がつかずにいることができた別の現実との類縁性を見いだすことが可能なのであれば――例えば有色人種シスジェンダーレズビアン女性であるアーメッドが、自らが経験する「ハンマー」とトランス女性の経験するそれとに類縁性を獲得できるのであれば――それはすなわち、「この現実」は別の現実へと接続され開かれうる、ということにほかならない。言い換えれば、ハンマーの類縁性こそが、一人の人間のなかの「複数の声」、つまり「私の属性の複数」が「反射し合いながら、矛盾を含み、折り合えず、存在する[14]」可能性を保障するのだ。

だからこそ、自らとトランス女性との経験の違いを確認するところから出発したアーメッドが、異なる壁に直面して異なるハンマーを経験する人々と偶然に出会い、互いの抵抗の仕事を認めて力を合わせ、いずれは壁を突き崩す「蜂起」の希望を語るように、鈴木もまた、「違って」いること、それにもかかわらず出会うことの先に、私たちの行く手を阻んできた壁が突き崩され、場所が「開かれ」ることへの希望をみるのだ。それは同じ女性ではないことの希望である。

違う経験を積みながら、「わたし」と「あなた」は同じ時間を生きて、安全にいられる開かれた場所を求めている[15]。

注

(1) 北村紗衣「波を読む——第四波フェミニズムと大衆文化」「現代思想」二〇二〇年三月臨時増刊号、青土社

(2) この間の経緯については以下を参照。「特集 フェミニズムとトランス排除」「女たちの21世紀」二〇一九年六月特集号、アジア女性資料センター

(3) トランス批判派の議論については注（2）に加え、以下も参照。小宮友根「フェミニズムの中のト

ランス排除」「早稲田文学」二〇一九年冬号、早稲田文学会、一三二―一四二ページ、清水晶子「埋没した棘――現れないかもしれない複数性のクィア・ポリティクスのために」「思想」二〇二〇年三月号、岩波書店、三五―五一ページ

（4）鈴木みのり「わたしの声の複数――トランスジェンダー女性の生／性の可能性を探って」「新潮」二〇二〇年三月号、新潮社、二〇二―二一一ページ

（5）Kimberle Crenshaw, "Demarginalizing the Intersection of Race and Sex: A Black feminist Critique of Antidiscrimination Doctrine, Feminist Theory and Antiracist Politics," *University of Chicago Legal Forum*, 1989, pp. 139-168., p. 140. 以下、英語文献の訳文は清水による。

（6）Ibid., p. 149.

（7）藤高和輝「インターセクショナル・フェミニズムから／へ」、前掲「現代思想」二〇二〇年三月臨時増刊号、三四―四七ページ

（8）Crenshaw, op. cit., p. 140.

（9）Sara Ahmed, "An Affinity of Hammers," *TSQ: Transgender Studies Quarterly*, Volume 3, Issue 1-2, 2016, pp. 22-3. 傍点は原文。

（10）Ibid., p. 23. 傍点は原文。

（11）Ibid., p. 32.

（12）Ibid., p. 33.

（13）前掲「わたしの声の複数」二一〇ページ

（14）同論文二一一ページ

（15）同論文二一一ページ

論点３　みえない「特権」を可視化するダイバーシティ教育とは？

出口真紀子

企業はダイバーシティ&インクルージョンを奨励し、社員向けの研修やセミナーを実施しているが、いまだに残る問題点が、いわゆる「マジョリティ」側の人たちが自らの特権に無自覚であることと、社会の構造的な不平等について理解が及ばないことである。本コラムでは、特権に無自覚であることの問題点と、特権に気づき構造的な不平等を是正していくべき理由を解説する。

ここでは「特権」を、あるマジョリティ側の社会集団に属していることで労なくして得る優位性、と定義する。ポイントは「労なくして得る」で、たまたまマジョリティ側の社会集団に生まれ属することで、努力の成果ではなく自動的に受けられる恩恵のことである。一例を挙げると、「大学に行くのが当たり前」という家庭に生まれた人には、そうでない家庭に生まれた人に比べて、親も大卒で経済的により恵まれて育った確率が高く、大学は自分がいつか所属する場所であるという具体的なイメージが描ける特権がある。大学に行けるかどうかはもちろん本人の努力や能力によっても左右されるが、そもそも大学に当然行けると思える環境は、本人の努力の成果ではなく、たまたまそのような家庭に生まれたことで得られる社会階級「特権」

なのである。

ほかの特権の例には、健常者特権、異性愛者特権、男性特権、民族・人種的特権、シスジェンダー特権などがあるが、ここでは健常者特権について考えてみよう。健常者は自分たちが「普通」「平均的」であると思っていて、障害者に対して「配慮」する側であるという自覚はあるが、実は社会の仕組み（建物や設備の設計など）がすべて健常者側が効率的に動けるように「配慮」されている、ということにはなかなか気づかない。例えば、地下鉄の駅は通常出入り口が二つ以上あり、健常者は自分に最も近い出入り口を利用できるが、車椅子などで移動する身体障害者は、エレベーターがある出入り口しか利用できないため、その出入り口が最寄りかどうかは保証されない。

私たちはおおむねマジョリティ性とマイノリティ性の両方を持ち合わせて生きていて、両者の関係には交差性があるが、マジョリティ性を多くもった人ほど特権について無自覚でありがちである。ダイバーシティ&インクルージョンをいくら推進しても、結局のところマジョリティ性（つまり特権性）を多くもった人たちが、自らが優遇されていることに気づかないかぎり、真の意味での変革は望めない。そのことにそろそろ企業も気づくべきだ。

ただし、マジョリティ性を多くもった人たちが自分の特権に気づかない理由はいくつもある（後述）。特権に気づくことの構造上の難しさをまずは受け止め、対策をとる必要がある。図1にあるように、自分自身のマジョリティ性・マイノリティ性を把握することから始めよう。以下のリストをみて、自分がより近いと思うほうにチェックを入れてみよう。マジョリティ性の

あなたはマジョリティ性とマイノリティ性ではどちらが多いですか？

マジョリティ性		マイノリティ性
日本人	↔	非日本人（外国人）
高学歴	↔	低学歴
健常者	↔	障がい者
男性	↔	女性、ほか
異性愛者	↔	同性愛者、ほか
シスジェンダー	↔	トランスジェンダー、ほか
高所得	↔	低所得
大都市圏在住	↔	地方在住

自分がどこにあてはまるか○を記入してみましょう。マジョリティ性が多ければ、より特権を有している側に属しています。マイノリティ性がより多ければ、特権を有していない側に属します。

図1　マジョリティ性・マイノリティ性チェック（筆者作成）

ほうが多ければ、あなたは社会のなかでより特権を有する集団に属している。いわゆる社会の「強者側」に入る。

マジョリティに特権が「みえない」理由

社会心理学では、特権をより多くもっている集団を優位集団、特権がない・少ない側を劣位集団と呼ぶが、優位集団の一員が自分の特権に気づかないことには三つの背景・原因が挙げられる。

まず、優位に立っている側は、安定した居心地がいい環境が当たり前に保証されているため、「特権」と捉えられるべきものが「普通」だと解釈される。その結果、マジョリティ側は自分たちが特権をもつ優遇された集団に属していると捉えない[1]。また、マイノリティは自分は何らかの集団に属しているという意識があるが（例：障害者である、など）、優位集団は自分が属する集団に対する帰属意識が薄いと考えられている（例：健常者である）[2]。その結果、優位集団の人は自分のことを集団の一員としてではなく、個人であると考えて、ますます集団としての立場や地位がみえないものになるのである[3]。

優位集団が自分の特権に気づかない二つ目の背景・原因として、優位集団はラベルや名前などで範囲を表示されていないことが挙げられる。これは構造言語学から借りた概念だが、言語の有標性は、二つの集団がある場合（マジョリティ対マイノリティ）、関係性がどのように非対称で階層的であるかを明らかにする[4]。例えば、男性の俳優のことは俳優というが、女性の俳優を女優といったり、男性の医者は医者だが、女性の医者は女医といったりする場合、優位集団のほうは規範的とされるために「無標」になり、下位集団は「異質」「異なる」と標識されるために「有標」になる。「無標」であることで、自分たちはある意味「標準」である、という無意識の刷り込みがここで起きる。

三つ目として、優位側は自分たちを不利な側と比較することは少ない、という点が挙げられる[5]。例えば、ブレンダ・メイジャーら[6]は、ある実験で男性が女性と同じ仕事を任されるが、そのとき男性は女性に比べてより高い収入を得ていることに気づかない傾向があることがわかった。その理由は、男性はほかの男性がどのくらい収入があるかに注意を払っていたが、より低い収入の女性には注意を向けなかったから、としている。これは、立場理論にも通じる特徴である。権力をもたない者（あるいは権力が制限されている者）は、権力をもつ側の考え方を熟知せずには生き残れないが、逆に、権力をもつ者（社会における強者）は自分の下にいる弱者について知ろうとしないうえ、自分の強者としての立場を可能にしている構造についても知ろうとしないのである。[7] 同様に、個人間で比較する場合、自分の優位性に安心感を抱いている人は、自分と類似しているあるいは自分よりも若干恵まれた人を比較対象とすることがほかの心理学研究でもわかっていることから、[8] 特権を多く有する側にとっては特権を有していない人は視野に入っていないことがうかがえる。

自分の特権に気づかないことがなぜ問題なのか

マジョリティ性を多くもつ人たちが、自分がもつ特権に無自覚であることがなぜ問題なのか。それは、「自分は特別に優遇されていない」という認識のもとで暮らしているため、「自分は「普通」で、特別ではない」「自分は差別などしていないし、何も悪くない」と思っているためである。それは言い換えれば、「自分には変わる必要がない」と思っているためである。差別に関してマジョリティ性を多くもつ優位集団の人たちが「自分は変わる必要がない」と考えているということは、裏を返せば、「マイノリティが変わればいい」と考えているのと同じことになる。変わる必要性を自覚していない場合や変わること自体に抵抗を示していると、いくら研修などをして変化を促しても効果が期待できない。

特権に気づかないことの問題として、誤った差別の認識に陥りやすく、「逆差別だ」とマイノリティを責める傾向があることも挙げられる。「自分は優遇されていない」と思っているため、マイノリティ集団に対して企業や政府が是正措置をとったり支援したりすると「自分よりもマイノリティが優遇されている、これは不公平だ」「逆差別ではないか」と、マイノリティが過度に保護されていると考えてしまいかねない。アメリカでは無防備な黒人が警察に殺される事件が相次ぎ、「ブラック・ライブズ・マター（黒人の命は大切だ）」という運動が起きた。このとき、黒人に対する不公正を訴えているにもかかわらず、「全員の命も大切だ」や「警官の命も大切だ」といった、実際は圧倒的不利な立場にある黒人だけがあたかも「特別扱い」されているかのような不満の声が上がった。同様のことは日本でも最近の嫌韓の動きにみられるが、ヘイトスピーチをおこなう「在日特権を許さない市民の会」の主張も、「在日朝鮮人は日本人よりも特権を得ている」という誤った歴史認識によって在日朝鮮人が優位にあると訴えているが、これは日本人が有する特権（国籍、言語、文化、アイデンティティ）などに無自覚であることが根源にある。

マジョリティの特権に気づくことの利点

自身が特権をもっていることに気づくことで期待できる効果は、①差別の問題をマジョリティ側が自分事として捉えられる、②特権があることで社会を変えやすい立場にいることが自覚できる、③アライとなることでマイノリティとマジョリティがともに生きやすい社会が実現できる、の三つである。

一つ目の例としては、企業などで「担当者に会わせてほしい」と依頼されたとき、女性の担当者が登場すると「男性に代わってほしい」と言われることがしばしばある。これは明らかな女性差別だが、これを男性による「女性差別」で終わらせるのではなく、「男である自分は、性別を理由に「担当者を代えてほしい」と言われない特権がある」という観点から考え直すことをお勧めしたい。性別という自分では変えようがない特性で差別されるのは精神的にもきついものがあるし、自信を喪失させる結果にもなりうる。このような経験をすることさえ想定していない男性は、そう認識してはじめて自分の男性としての特権をきちんと把握できるのである。

二つ目の点は、マジョリティ側は周りから「中立」であると見なされやすいという強力な特権をもっている。つまり、男性が飲み会で女性に「いま、生理なんじゃない？」などといった発言をしたときに「それってセクハラですよー」と女性が言うのと男性が言うのとでは、伝わり方が違う。マイノリティ（この場合は女性）はすでに「バイアス」がかかっているとみられるが、マジョリティ側がハラスメントや差別に異議申し立てをすれば正当なものと捉えられる利点がある。

最後に、アライとなることでマイノリティとマジョリティがともに生きやすい社会が実現できる。アライとは、優位集団の一員でありながら、劣位集団の人たちへの差別や不公正に対して異議を唱え、行動を起こす人々のことで、例えば、白人が人種差別に反対する、男性が性差別（セクシズム）に反対する、日本人が在日朝鮮人差別に反対する、異性愛者がセクシュアルマイノリティへの差別に反対するといった例が挙げられる。アライの数が増えることで、誰もが声を上げやすくなる社会が実現できる。マイノリティの声を上げやすくすることが、マジョリティの声を出しにくくすると考える人もいるが、それは、いままでマイノリティを抑えつけていたから声が出しやすかった特権なのだと捉え直さなければならないだろう。

制度的・構造的差別の理解の欠如の問題

最近は、「アンコンシャス・バイアス・トレーニング」といった自分自身が無意識にもっている歪んだ物の見方や無自覚の偏見をただすことを目的とした研修が日本や海外の企業ではやっている。こうした取り組みは大変重要であることは間違いないが、個人のなかのバイアスを取り除くとともに、制度的・構造的な差別の構造についても教えることが重要である。

差別には大きく分けて個人的差別、制度的・構造的差別、文化的差別の三種類が存在するが、個人だけを変えるのでは、制度的・構造的差別は撤廃できない。制度的・構造的差別には、例えば企業のポリシーだったり、育児休暇のジェンダー不平等、昇進プロセスの不平等などがある。そうした不平等を不問にしたままでは組織は変わらないので、アンコンシャス・バイアスについて教えるのであれば、そうした構造的な問題をセットで教える必要があるだろう。例えば、不公正な扱いに直面したときに訴える部署はちゃんとあるのか、そうした問題を扱う部署があるとして公正な措置をとるためにどのようなプロセスを踏むのか、など、組織上の改善がないかぎり、いくら個人のバイアスと向き合ったとしても、そうした構造的差別が差別を持続させる環境を温存してしまうだろう。

注

(1) Peggy McIntosh, “White privilege: Unpacking the invisible knapsack,” *Peace and Freedom Magazine*, July/August, 1989, pp. 10-12.

(2) Brian Mullen, “Group composition, salience, and cognitive representations: The phenomenology of being in a group,” *Journal of Experimental Social Psychology*, 27(4), 1991, pp. 297-323.

(3) Benjamin DeMott, *The Imperial Middle: Why Americans can’t think straight about class*, William Morrow & Co, 1990.

(4) Linda R. Waugh, “Marked and unmarked: A choice between unequals in semiotic structure,” *Semiotica*, Volume 38, Issue 3-4, 1982, pp. 299-318.

(5) Colin Wayne Leach, Nastia Snider and Aarti Iyer, “‘Poisoning the consciences of the fortunate’: The experience of relative advantage and support for social equality,” in Iain Walker and Heather J. Smith eds., *Relative Deprivation: Specification, Development, and Integration*, Cambridge University Press, 2002, pp. 136-163.

(6) Brenda Major, “From social inequality to personal entitlement: The role of social comparisons, legitimacy appraisals, and group membership,” in Mark P. Zanna ed., *Advances in experimental social psychology*, Volume 26, 1994, pp. 293-355.

(7) Sandra Harding, *The Science Question in Feminism*, Cornell University Press, 1986.

(8) Joanne V. Wood, Maria Giordano-Beech, Kathryn L. Taylor, John L. Michela and Valerie

Gaus, "Strategies of social comparison among people with low self-esteem: Self-protection and self-enhancement," *Journal of Personality and Social Psychology*, 67(4), 1994, pp. 713–731 (https://doi.org/10.1037/0022-3514.67.4.713)［二〇二二年一月二十九日アクセス］

参考文献

Sandra Harding, "Standpoint Theories: Productively Controversial," *Hypatia*, 24(4), 2009, pp. 192-200.

第7章　共生を学び捨てる——多様性の実践に向けて

小ヶ谷千穂

はじめに

教育現場としての大学は、多様性との「共生」という理念を今日の日本社会で構築し実践することにどのように関与でき、そこにはどのような課題と可能性があるのだろうか。

かつて「国際」や「グローバル」という単語がシラバスや授業科目名に乱舞していたように、最近の人文社会科学系の大学授業科目には、「多文化」や「共生」という言葉がちりばめられている。もちろん、いまだに「日本は単一民族社会に近い」といった発言が政治家からなされるような日本社会の教育の場で「多文化」や「共生」というワードを意識的に用いることは、決して否定されるべきことではない。むしろ、若い世代が「多文化」や「共生」というワードに親しみをもつことは歓迎されるべきことだろう。

しかし、現状をみてみると必ずしも楽観的にはなれないところがある。「共生」や「多文化共生」という言葉が広く社会的に浸透することを歓迎しながらも、それが新たな「自己」と「他者」の境界線作りに寄与してしまっているのではないか——こうしたもどかしさを抱きながら、筆者自身も「共生」と名前がつく授業を大学でかれこれ十五年以上担当してきた。

もちろん、十年前に比べて、大学の教室にはいわゆるミックス・ルーツの学生が明らかに増えた。学生のバイト先の同僚が外国出身者だったり、幼なじみや中・高のクラスメートが「ハーフ」だという経験をもとに多文化社会について論じる学生も少なくない。他方で、「純ジャパ」という言葉をためらいもなく自己言及として使い、外国につながる同世代の若者や、いわゆる「外国人労働者」として日本に増加しているとされる人々に対して、微妙な距離感——「自分とは違う」「でも、関心をもったほうがいい対象」といった他人事のような感覚——をもっている学生が多い。この微妙な距離感の根源はどこにあるのだろうか。

日本での「多文化共生」概念については、すでに多くの議論が積み重ねられてきている。崔勝久らが指摘したように、「多文化共生」という概念は、もともと在日コリアンの人たちの社会運動に端を発した「ともに生きる」「共生」という、勝ち取られた発想だった。(1) しかしながら、日本での「多文化共生」言説は、ニューカマーの増加に問題が限定されたり、共生の問題を「マイノリティ文化の可視化」の問題に矮小化されながら、広く流布されてきた。[2] 多文化共生をめぐる批判を整理した岩渕功一は、「共生をめぐる問題を異文化の理解や肯定的な受容に安易に落とし込む多文化共生言説は、実際に人々が経験している日常での文化差異との不均等な邂逅、衝突、そして共生の多様なあり方を見えなくしてしまう[3]」と警鐘を鳴らしてきた。また、行政レベルでの「多文化共生」言説は「日本人」と「外国人」という暗黙の二分法を土台にしていて[4]、本章で学生たちが飛び込んでいくようなローカルで多様な「共生」の現場での複雑な日常性や、そこから生成される可能性とはますます距離を広げつつあるように思える。

同時に筆者がとりわけ学生との関係性を通して抱いているのは、「共生」という言葉が、「道徳的に正しく」「目指すべきもの」「そうならなくてはならないよきもの」として認識されているのではないかという感触である。そこでは、「共生」する「相手」としての「他者」の「異質性」（例えば〝民族的マイノリティ〟や〝生活困窮者〟と名指されるような人々など）が過度に強調されることで、かえって「われわれ」の同質性が安定的なものとして意識される、というような発想や態度が発生しかねないのである。

笠井賢紀は、「「共生」を、目指すべき理想像ではなく、人間も自然もすべてのものが与えられてしまった所与の前提として捉えてはどうか[5]」と論じている。共生の「実現」ではなく、共生の「度合い」を高めることこそが目指されるべきだとする笠井の主張は、「共生」概念がもつ「正しさの強さ」と、だからこそ自分事とはなかなかなりにくいような状況を突破してくれる発想だといえるだろう。

そうした問題意識をもって、筆者は本務校で「共生のフィールドワーク」という授業を二〇一五年度から毎年担当している。この授業は、外国につながる子どもたちだけでなく、生活保護世帯や一人親世帯などのいわゆる生活困難層の子どもたちの学習支援活動など、自分とは異なる社会的・文化的背景をもつ「他者との共生の現場」で半期の約四カ月間実習をしながら学ぶというものだ。学習支援の現場では「外国につながる子ども」と生活困難層の子どもが重複していることも多く、また多様な文化社会的背景は必ずしも、国籍や民族・言語などの違いに限定されない。その意味で、この授業は狭義の「多文化共生」よりも広い「共生」を看板に掲げた、今日的な大学の授業科目の一つだといえる。しかし、必ずしも「楽単」（楽に単位が取れる）とはいえないこのフィールドワークの授業を通して語られる学生たちの言葉や、現場の多様な子どもたちとの関わり合いの紆余曲折から導かれる学生たちの変化からは、「多様性を／と生きる」ことの本質がみえてくるようにも感じている。本章では、この「共生のフィールドワーク」を受講した学生たちと、地域の様々な子ども・若者たちとの関わり合いを、「多文化共生」あるいは他者との「共生」という概念をいわば「学び捨てる（unlearn）」（ガヤトリ・C・スピヴァク）プロセスとして考察していきたい。

1 「共生のフィールドワーク」という授業について

「共生のフィールドワーク」という授業は、筆者自身が創設した授業科目ではない。しかし、二〇一五年度の担当開始から、以下のようなシラバスのもとに授業を展開してきた。

本授業は多文化共生の現場でのフィールドワーク実習科目である。神奈川県内で、外国につながる子どもや多様な社会経済的条件の下で育った子どもたちのサポートやエンパワーメントにかかわる活動をしている複数の団体の活動に受講生がチームで継続的に参加する中で、現場の実践から学び、「共生」概念について理解を深めていく。

現場の実践から学び、具体的なプロジェクトの運営の仕方や活動していく上での困難と充実感の両方を実感できるようにする。

フィールドワークを通して、「共生」概念について、自らの言葉で考え語ることができるようになる。(6)

授業は半期（十五回）四単位の授業で、毎週教室内での授業と、各実習先（授業内では「弟子入り先」と呼んでいる）に週一回から二回学生たちが通う実習との組み合わせで構成している。受講生は最大十六人までに制限して、毎年一年生から四年生まですべての学年、そしてすべての学科の女子学生たちが受講している。(7)年度によって人数の違いは若干あるが、二〇一五年度から直近の一九年度までで、計五十人が受講した。現場に通いながら学ぶ、という意味を込めて「弟子入り先」と呼んできた受け入れ団体は、川崎市桜本地区の多文化共生事業の拠点であるふれあい館（青丘社）、横浜市中区寿地区で子ども・若者の居場所作り活動をしていることぶき学童（ことぶき青少年広場）、カトリック藤沢教会を拠点とする湘南ライフサポート・きずなが運営する学習支援プログラム・きずなレッジ、そして横浜市中区寿地区での外国人支援の草分け的存在であるカラバオの会、である[8]。

各団体で学生たちが担うのは、いわゆる「学習支援」サポーターと呼ばれるような役割である。週一、二回、ふれあい館やきずなレッジに集まる小・中学生、あるいは高校生の宿題やそのほかの勉強を手伝ったり話し相手になったりする。集まる子どもたちの背景は様々だが、後述するように、家庭の事情や生活困難のために勉強環境が十分ではない子どもたちが多い。そのなかに外国につながる子どもも含まれている。また、ふれあい館の「外国につながる子ども」向けの学習支援教室では日本語を教えながら学習も支援する。ふれあい館が実施する外国につながる小学生を中心にした多文化学童的なハロハロクラブでは、勉強だけではなく子どもたちとの遊びやそのほかの活動で専従スタッフを手伝う役割も担う。ことぶき学童では、子どもたちの遊びに寄り添うことが主な活動だった。また、二〇一九年度に初めて「弟子入り先」になったカラバオの会では、会としては比較的新しい活動である外国につながる小・中学生の学習サポートに、「共生のフィールドワーク」の受講生たちが参加することになった。

このように、現場での彼女たちの「役割」はある程度決まっているのだが、学生たちは、その「役割」を通して、あるいはその「役割」ゆえに様々な葛藤を経験しながらも、現場の状況（子どもたちの様子や、学習支援教室の「居場所」としての機能、そこに関わる様々な年齢層のボランティアや専従スタッフの存在についてなど）を参与観察し、最終的には「共生」という概念を自らの言葉で定義することを到達目標としている。

受講生たちはまず、前述の「弟子入り先」について担当教員である筆者から簡単なブリーフィングを受け、二〇一六年度以降は、前年度の履修生の体験談などを聞いたうえで、前述の団体に教員の引率のもとオリエンテーションに出かけ、そのあとどの現場に「弟子入り」[9]するのかを選び、活動を開始する。大学での授業では毎週、フィールドワークについてのテキストを読みながら、各自の「弟子入り先」での経験を全員が共有する。また毎週の活動についてはフィールドノートに記録し、その抜粋を「コミュニケーション・カード」と呼ばれる記録カードに記載して毎週担当教員に提出し、教員はそのカードの内容と授業内での活動内容の共有によって、各学生の実習の様子を把握する。活動期間の半分くらいを過ぎたところで中間発表をおこない、各自がどのような「視点」をもって現場に関わるのかを報告する。そして最終報告会では、各弟子入り先の方々にも参加してもらって各自の半期の活動・フィールドワークを振り返って、自分自身の「変化」と、自らが導き出した「共生」概念について話す、という流れで授業をデザインしている。

学生の受講理由は当然様々である。授業開始時に、それほど突っ込んで受講理由について尋ねることを実はしていないのだが、後述するように、自分自身が抱える過去の経験を整理するためだったり、あるいは自分の経験を子どもたちのために役立てられるのではないかと考えるミックス・ルーツの学生の受講だったりも毎年ある。また、いわゆる「就活」で話せるような経験作りのために受講する、という学生ももちろんいるようだ。

この授業では、「共生」という概念を授業の共通理念として最初から定義はしていない。また、実際に「弟子入り」する先の状況についても、教員である筆者からの事前説明は最低限とし、弟子入り先の方々から受ける現場でのオリエンテーションまでは、子どもたちの背景や社会経済的状況についての解説はあえてしないようにしている。その理由は、「外国につながる」「生活困難世帯」ということをいわゆる「授業内の言語」として説明することが、学生たち、とりわけいわゆる中間層から富裕層に属するような階層で、かつ比較的保守的な家庭出身の学生たちにとって、様々な意味で先入観をもたせてしまうことにつながる、と考えているからである。「弟子入り」先で彼女たちが出会う子ども・若者たちは、彼女たちにとって自分とは異なる社会的・文化的背景をもつ「他者」であることに間違いはない。しかし、「他者の合理性[10]」を理解すること、すなわち一見すると自分とは縁遠い人々が経験をどう解釈し、どう人生を生きているか、ということから学ぶことが、社会学的なフィールドワークの最も重要な目的であるのならば、その理解を妨げてしまいかねないような、ある種の〝想像上の〟他者性・異質性の強調あるいは固定化が生じてしまうことを避けたい、という意図もあってのことである。

以下では、受講生たちがフィールドワーク終了後にまとめた最終成果物を引用しながら、学生たちの「経験」や「変化」の具体的な様相をみることを通して、「共生」がどのように彼女たちによって「学び捨てられて」いくのかを考えてみたい[11]。

2　体当たりの邂逅――「正しい共生」のプレッシャーからの解放？

「共生のフィールドワーク」という授業を履修してはみたものの、受講生のなかには、各現場に対する不安を当初抱える学生は多い。川崎・桜本地区の状況説明を通して、「他者」イメージを増幅させ、おっかなびっくりで活動を開始する学生も少なくはない。いわゆる「ドヤ街」である寿地区での活動については、親や周囲の人間から「危ないからやめたほうがいい」などと言われる学生もいる。筆者としては、前節で述べたように〝想像上の〟他者性が肥大化することを防ぎたい、という思いがあるのだが、それでも学生たちの頭のなかは、「共生」という、曖昧だが〝正しい〟概念を実践しようとしている自分と、フィールドワークで出会う子どもや若者たちに対して増幅していく「他者」イメージとの両方を抱えながら、現場に足を踏み入れていくことになる。

例えば、ふれあい館に四カ月通った学生は、当初のことを以下のように振り返っている。

私は最初、ふれあい館に行くことがとても不安でした。それは、授業の最初に配られたプリントに「川崎市南部の工業地帯にある私たちの町には困難な生活環境にある子どもたちが生活しています。家庭は経済的にも厳しく、仕事で忙しい親と十分な時間をもつことができない、家庭でも十分に勉強をする環境が整っていないため、圧倒的に基礎学力が不足している子が多く、高校進学にあたり多くの困難に直面しています」（＝ふれあい館の学習支援サポーター募集のチラシからの引用）とあったからです。私は中学から私立の中高一貫校に通い、中学・高校ともに進学校だったため、周りにプリントに書かれているような子はいませんでした。今思えば、経済的に余裕があり、親との時間もしっかりとれている恵まれた子が多かったのかもしれません。そのため、このプリントに書かれていることはテレビの中で見聞きしたことがある程度のいわば、未知の領域でした。また、「工業地帯」で「親との時間がとれない」子どもたちはさぞ荒れているのだろうと思い、それも不安要素となりました。（二〇一五年度受講生Aさん）

ここでは、まだ見ぬ〝荒れている〟だろう子どもたちと自分自身との差異を、実際に桜本での学習支援にいく前の時点で強く認識していたことがわかる。実際、多くの学生たちは、それぞれの受け入れ先でのオリエンテーションを終えたあとに、「思ったより子どもたちが明るかった」「思ったより街や人の雰囲気が優しかった」などと発言することが多い。〝想像上の〟子どもたちのイメージが、どれほど彼女たちを縛っているのかを考えさせられる瞬間でもある。

実際、学習支援教室のなかに最初に入っていく際に、彼女たちは様々な「洗礼」を浴びる。ことぶき学童での活動のなかで、いわゆる〝やんちゃ〟な子どもたちからの手荒な歓迎として、髪の毛を切られる、という経験をした学生もいる。

ある日、五歳の男の子がはさみを持ってきて私の後ろに座ったので、私は嫌な予感がして「髪、切らないでね！」というと彼は「もう切っちゃった。」と言って私の髪の毛を数本持って笑っていた。私はすごく驚き、どうしていいかわからず、何もできなかった。そして、もうここには来たくないと思ったし、本当に最悪だと思った。

しかし、帰りの電車でみんな〔一緒にことぶき学童に通っていた学生たち：引用者注〕にその話をして、誰かが「でも切りたくなっちゃう気持ちもちょっとわかる」といったとき、私の考え方はすこし変化した。それまで、この行動は彼の周りの環境がさせたものだと思っていたし、確かにそういう部分はある。しかし、ただ単純に五歳児の好奇心として、子どもがはさみを持ったとき目の前に髪があったら切りたくなってしまうのかもしれない。そう考えると、それまでとんでもないことだと考えていた彼の行動が少しだけ、理解できるようになった。これは少し特殊な例だが、このような考え方に変わってから、彼らの行動を、子どもだからだ、と思えるようになり、彼らの良くない行動にたいしては、そのバックグラウンドを変に意識することなく注意できるようになるなど、その一つ一つを深く考えすぎずに接することができるようになった。

（二〇一五年度受講生Bさん）

ここで「環境」や「バックグラウンド」とは、学童に集まる子どもたちの階層性や学生たちが想像する範囲での家庭環境（例えば、若年層の親に育てられていたり、言葉遣いや行動が粗野だったりすることが手がかりとされる）のことを指している。そうした社会経済的背景が子どもたちの行動を強く規定しているのだ、というある意味できわめて社会学的な発想をもって彼女は子どもたちに接していた。それが、「五歳であれば自分も同じことをしたかもしれない」という友人の言葉で、自分とその子の差異を過度に強調して考えていた自分の意識に気づいたのである。その他者の合理性の「気づき」が、実際にその後の彼女と子どもたちとの関係を少しずつ変えていった。

このように体当たりで「弟子入り」がスタートするなかで、授業当初にもっていた「外国につながる子ども」「生活困難層の子ども」といった字面だけのイメージが、毎週続けて通う実践のなかで、少しずつ崩れていく。そして、最終的には子どもたちに様々な相談をもちかけられるようになるなど、少しずつ自分自身の「居場所」が受け入れ団体のなかにできていくなかで、受講生それぞれが自分自身のこれまでの経験や発想を見つめ直す、というプロセスに進んでいくことが多い。それはつまり、学生たち自身が当初もっていた「共生」という言葉がもつ「正しいあり方」のプレッシャーから、徐々に解き放たれていくということでもある。

3　距離をとられる、という経験——自らのまなざしに気づく

「共生のフィールドワーク」では、過去五年の間にドロップアウトした（授業を途中で放棄する）学生は一人も出ていない。それはひとえに、「弟子入り先」のスタッフのみなさんや各現場での子どもたちのおかげとしかいいようがないのだが、それでも、かなり厳しく子どもたちから距離を置かれる経験をした学生はいる。事情の経緯を詳細に説明することはできないが、学習支援教室の中学生ほぼ全員から拒絶され、相談の結果「弟子入り」そのものを中止することになった学生は、「外国につながる子ども・若者」を理解しようと努めるよりも、自分がよかれと思うことを押し付けていたことに気づいたと、授業の最後に振り返った。

〇月〇日：先生〔筆者：引用者注〕に、もう学習支援教室で実習ができない旨が伝えられた。そこから自分を深く見つめ直すことにした。まず、今までを通してわかったことは、人の迷惑を考えない自分中心だった。私こんなことやってるんだよ、すごいでしょ。という自慢のためにやっていた心があった。してあげている！と言う押しつけ。これがいけなかったのではないかと思った。このことはすべてのことに言えると思う。

（二〇一五年度受講生Cさん）

彼女の偽らざる心情の吐露は、実はかつての「外国人支援」ひいては「多文化共生」言説のなかに長く潜んできた発想を暴き出しているようにも思える。かつてリサ・ゴウは鄭暎恵との対話形式の『私という旅』のなかで、フィリピン人女性に対して日本社会が向けるまなざしについてこう批判した。

「憐れな被害者を助ける」（あ、かわいそうな「ジャパゆき（ママ）！」）という対応があります。これら日本人のこころに映るフィリピン女性は、被害者なのです。（略）

私たちは、慈善の対象、貧しくて哀れみを向ける対象として見られています。この種の対応は、当然ながら、支援と親切の手を差し伸べようとする立派な木手見（ママ）を掲げて行われます。

しかし、〝助ける者〟と助けを受ける者の力関係は、ひいきの客との間にあるような関係を生み出します。日本人の支援者が上に立ち、フィリピン人労働者は従属的な立場におかれます。[12]

ゴウが暴き出した日本人支援者の「善意」のなかに無意識に潜む非対称な関係性は、「対話」や「連帯」として「共生」を捉え返すこと[13]を根元的に妨げてしまう。「外国につながる子ども・若者」に対して、人一倍関心が強かった前述の学生が結果的に活動を続けられなかったことは、子どもたちと自分とのこうした「非対称性」がはらむ暴力に気づけなかった彼女に対しての、子どもたちからの当然の対応だったのだろう。そのあと、この学生は個人レベルで様々なミックス・ルーツの若者や外国出身の若者と友人関係を築き、その経験を踏まえて、日本社会が多様な若者たちの生きづらさをどれほど生み出しているのか、というテーマで卒業論文を書くまでになる。当初のフィールドワークの現場ではある意味「失敗」してしまったからこそ、彼女が学んだことはきわめて大きかったといえる。

4　ミックス・ルーツの学生の経験——自分自身を問い直す

前述したように、受講生のなかには、自らがミックス・ルーツ、あるいは「ハーフ」と自称する学生が毎年いる。彼女たちは、「弟子入り先」からは、外国につながる子どもたちの一種の「ロールモデル」としての役割を期待されたり、来日後間もない子どもたちに言語面でサポートを提供できる学生もいる。また、学習支援の合間に、子どもたちの話し相手になりながら自分の経験を子どもたちに話して聞かせる場合などもある。

もちろん、ミックス・ルーツの学生が「弟子入り先」で得る経験も様々である。いわゆる「ハーフ」でありながらも日本育ちであるために、むしろ「日本人になろう」という思いを強くもってきたという学生は、以下のように振り返る。

彼ら〔ふれあい館に通う、外国につながる子どもたち：引用者注〕の口癖の中で特徴的なのが、「やっぱり、何でもないです」というフレーズである。個人的には「日本人っぽい」言動だと感じてしまった。自身の主張を抑えようとする言動のため、これは元々持っていた彼らのアイデンティティーを蝕んでいってしまうのではと心配に思う。一方で、気が付くと「日本人っぽい」「フィリピン人っぽい」という風に彼らの言動を区別してしまう自分がいた。区別してしまう理由は、自分も彼らと同様に区別され、かつ、「日本人っぽい」行動がこの社会において、喜ばれた経験が多くあるからではないかと考えた。また、日本社会が、異質な存在に対して同じ型にはまるよう求める傾向にあるのではないかと考えた。（二〇一八年度受講生Dさん）

また、同じくフィリピン人の母親をもち、八歳までフィリピンで育ったのちに自らの意思に反して日本に来ることになった受講生は、ふれあい館に通う外国につながる子どもたちのうち、自らの意思に関わりなく来日した子どもたちに重ねて、自分自身の経験をこう振り返った。

そもそも突然だったのは、日本へ来たのもそうだった。私は、これらの突然の出来事が大嫌いだった。自分が子どもだからと言って、自分の意思は大人たちから無視されている気持ちだった。今思えば、全ての事は私の将来のためだという事はわかるが、当時は、全く理解できなかった。頼んでもいないのに、なぜ私を日本に連れていったのか、という生意気な気持ちにしかなれなかった。

（二〇一八年度受講生Eさん）

そうした彼女が、ふれあい館に通う外国ルーツの子どもたちと自分との共通点として挙げたのは「他人に頼る力」の弱さ、だった。

子どもたちには、頼る力が欠如していると確信したのは、A君がいじめられている話を聞いた時だった。A君は、トイレに閉じ込められたり、タガログ語を人前で堂々と話しているというだけで、同じフィリピンに繋がるクラスメートから嫌がらせを受けていた。しかし、A君が学校の事について話す事は一度もなかった。このように、A君もまた、他人にどう相談すれば良いのか、頼れば良いのかがわからない様子だった。そして、私もまた、子どもたちとその点では、共通している。私も人に頼るという行為が苦手である。特に両親に対しては。（略）

内心では、子供の頃から両親に感謝していた。しかし、自分でもわからないくらい「ありがとう」という言葉を口に出す事が難しくて、難しくて、出来なかった。そして、感謝の気持ちを伝える事と同じくらい難しいのが、頼りたい事を伝えることだった。きっと感謝の気持ちを伝える事が難しい分、両親に感謝せずにすむような、いろんなこと極力自分の力でやろうとしていたのだろう。そのように行動をとり続けたことで、度々、両親から「なぜ相談もせずやるのか？　なぜ自分一人でやろうとするのか」と叱られる事が多かった。子どもたちにも共通する部分があるのだろう。子どもたちのおかげで、なぜ自分が両親に上手く頼る事ができないのか、気づく事ができた。子どもの頃から、バラバラになっていた気持ちを少しでも整理する事ができた。このフィールドワークでは、これが一番の私の変化かもしれない。

（二〇一八年度受講生Eさん）

こうした「外国につながる子ども」として日本社会で育ってきた学生たちの「弟子入り」経験は、現場で期待された「ロールモデル」役割を果たすという貢献を超えて、彼女たちに自分自身について深く考えさせる契機になった。「ハーフ」である自分が、「日本人」「フィリピン人」という二分法を周囲から陰に陽に当てはめられてきたそのまなざしを、自分自身がほかの「ハーフ」の子に投影してしまっていたという現実。そして、「日本人っぽい」ということのほうが周囲から受け入れられる、ということを身をもってわかっている彼女だからこそ、ふれあい館の子どもたちの振る舞いの「合理性」を理解できたのである。

また、ある子どもの行動や態度に触れたことで、自分自身の親への態度や行動について理解できるようになった学生にとっては、「なんでも自分の力でやろうとする＝人に頼る力が弱い」行動の根底にある、「移動する子ども、呼び寄せられる子ども」にしばしば共通する経験——来日が必ずしも本人の希望だったわけではないことからくる親への一種の不信感(14)——が再帰的に確認された。

こうした彼女たちの経験と考察が教えてくれるのは、「マジョリティ」と「マイノリティ」という二分法を念頭に置いた他者との関係を超えた、日本社会の現実としての「多文化化」と、それを起点とした他者理解を通した自己理解、というプロセスなのではないだろうか。

おわりに

本章で紹介した、学生たちの「多文化共生の現場」への「弟子入り」と、そこでの様々な経験から、導き出せることとは何だろうか。筆者は彼女たちのフィールドワークに寄り添ってきた経験から、ここで紹介したような彼女たちの経験そのものが、「多文化」「共生」といった概念を「学び捨てる(unlearn)」プロセスなのではないかと考えている。「みずから学び知った特権をわざと忘れ去ってみて」「(サバルタンの女性という歴史的に沈黙させられてきた主体に)耳を傾けたり、代わって語るというよりは、語りかけるすべを学び知ろうと努める」(15)とスピヴァクがいったあのプロセスの、もっと素朴でしかし日常的な実践を、彼女たちの「弟子入り」経験のなかに見いだせると思うのである。

それが垣間見られるのは、例えば、いままでいわゆる「共生」の実践とは距離が遠かったり、逆に「支援するんだ！」といった気負いをもちすぎたりしていた学生たちが、学習支援の現場の子どもたちを「○○人の子」「○○な家庭の子」ではなく、ファーストネームやニックネームで呼ぶようになっていくプロセスである。自分自身がミックス・ルーツをもつ学生たちが、自分の小・中学生時代といまの子どもたちの学校経験とにほとんど差がなく、日本社会がここまで変化していないのか、ということに気づいて憤るプロセスでもある。祖父母が朝鮮半島出身者に対して差別的な態度・発言をするような環境で育ってきた学生が、在日コリアンの重要なコミュニティであり続けてきた桜本地区のふれあい館で活動した結果、そうした祖父母の偏見について自らの経験をもとに反論していきたい、と決意表明するようになるプロセスでもある。

授業の到達目標として自らの言葉で「共生」概念を語れるようになる、と設定した学生たちは、それでも結論として「共生」を語ることはできない、という結論に至ることが多い。この「共生」の学び捨てこそが、「弟子入り」の最大の成果なのではないかと考えている。それは、「正しきこととしての共生」というプレッシャーや、他者の「異質性」を想像上で様々な角度から肥大化させる発想――「怖い」存在だったり、「特別な背景をもっている」存在だったり、「助けてあげなければならない」存在だったり――からの解放のプロセスとも呼べるだろう。

本章で紹介した学生たちの経験とそこでの学びは、「マジョリティ」と「マイノリティ」の境界線を引き直すようなものではなく、むしろ、「ナショナリズムにつながるような同質性を注意深く避けつつ、その共同性に「異質性」を持ち込むこと」「私が自分自身に他者を発見し、あなたがあなた自身に隔たりを見出すときに、固定された個人の境界線を越えて、双方が影響を与え合いながら共振し、ともに変容していく共同性のもとにある」(16)といった視点に重なる、関係や認識の生成といえるだろう。

町村敬志は、フィールドワークを初めておこなう「行きずりのフィールドワーカーの経験には、間違いなくフィールドワークの原点がある」[17]といったが、本章で紹介した学生たちの「現場」との出合いと、そのなかで体当たりで獲得した自分なりの「共生」の理解は、「多文化共生」や「共生」の実践に大学が果たせる役割を示唆しているように思う。

注

(1) 崔勝久／加藤千香子編、朴鐘碩／上野千鶴子／曹慶姫『日本における多文化共生とは何か——在日の経験から』新曜社、二〇〇八年

(2) 栗本英世「日本的多文化共生の限界と可能性」、大阪大学未来戦略機構第五部門未来共生イノベーター博士課程プログラム編「未来共生学」第三号、大阪大学未来戦略機構第五部門未来共生イノベーター博士課程プログラム、二〇一六年

(3) 岩渕功一「多文化社会・日本における〈文化〉の問い」、岩渕功一編著『多文化社会の〈文化〉を問う——共生／コミュニティ／メディア』所収、青弓社、二〇一〇年、一七ページ

(4) 同書二三ページ

(5) 笠井賢紀「所与の前提状況としての共生」、笠井賢紀／工藤保則編『共生の思想と作法——共によりよく生き続けるために』(龍谷大学社会科学研究所叢書) 所収、法律文化社、二〇二〇年、七ページ

(6) フェリス女学院大学文学部コミュニケーション学科専門科目「共生のフィールドワーク」シラバス

（7）本授業はコミュニケーション学科の専門科目であり、また社会調査士資格のG科目にも位置づけられているが、他学部・他学科の学生も自由に履修することができる。

（8）加えて、受講生が自ら実習先として希望した場所として、多文化学習活動センターCEMLAとキンダリー・インターナショナルがある。

（9）岸政彦／石岡丈昇／丸山里美『質的社会調査の方法――他者の合理性の理解社会学』（「有斐閣ストゥディア」）、有斐閣、二〇一六年）を用いている。実際、フィールドワークを実践しながらフィールドワークのテキスト、とりわけ本書のような経験的なフィールドワーク論を読む、という機会はまれだと考える。

（10）同書

（11）受講生の最終成果物の引用については、本人が特定されないようにした使用の許可を毎年得ている。また、本章に引用することについても、再度確認し、許可を得ている。なお、最終成果物は、各弟子入り先団体にも毎年提出している。

（12）リサ・ゴウ／鄭暎惠『私という旅――ジェンダーとレイシズムを越えて』青土社、一九九九年、一六二ページ

（13）塩原良和「「連帯」としての多文化共生」は可能か？」、前掲『多文化社会の〈文化〉を問う』所収

（14）小ヶ谷千穂「呼び寄せられる子どもたち――「外国につながる子ども」をめぐる課題から、「家族再統合」を考える」、宮島喬／藤巻秀樹／石原進／鈴木江理子編『開かれた移民社会へ』（別冊環）所収、藤原書店、二〇一九年

（15）G・C・スピヴァク『サバルタンは語ることができるか』上村忠男訳（みすずライブラリー）、みすず書房、一九九八年、七四ページ

(16) 磯前順一「批判的地域主義の行方――戦後言説空間の終焉に」、「特集 TPPから考える――地方と復興のかたち」「現代思想」二〇一一年六月号、青土社

(17) 町村敬志「行きずりの都市フィールドワーカーのために――「いかがわしさ」と「傷つきやすさ」からの出発」、好井裕明/三浦耕吉郎編『社会学的フィールドワーク』(Sekaishiso Seminar) 所収、世界思想社、二〇〇四年、六〇ページ

[付記] 本章の執筆にあたって、二〇一五年度からこれまでのフェリス女学院大学「共生のフィールドワーク」の受講生のみなさんに深く感謝します。また、ティーチング・アシスタントの新倉久乃さん(フェリス女学院大学大学院博士後期課程)、および各受け入れ団体のみなさまの日頃のご支援とご協力に心からお礼を申し上げます。

第8章　アート／ミュージアムが開く多様性への意識

村田麻里子

はじめに

「多様性」という言葉は矛盾に満ちている。一方では鷹揚で心地良い響きをもち、それがかえって、本来であれば受け入れ難いような差異を受け入れやすいものとしてカテゴリー化し、管理することに容易につながる。[1]しかしその一方で、日本社会は長らく人々や文化の多様性に関して無頓着で、ここ数年で謳われるようになったこの言葉への認識は概して希薄だ。そうしたなかで「差異を意識することがすでに差別だ」という論調を耳にすることがあるが、それは一様だったはずの社会で、差異があることをことさら強調することに対する拒否反応である。そこには差異も差別もなかったことにしたいという意識がはたらいている。

実は多様性をめぐる前述の二つの態度は、コインの裏表の関係にある。心地良い多様性も、意識するべきではない多様性も、結局は多様性の問題を回避する。差異へのリアリティは、こうした大文字の多様性からは生まれない。「他者」の状況が、ほんの少しだけ自分の問題になったとき、私たちははじめてその差異が意味するところに気づくことができる。

本章では、アート／ミュージアムという場できわめてミクロでささやかな実践を通して、多様性や差異の問題を「内在化する」[2]とはどのようなことかについて考えてみたい。すなわち、抽象的な多様性の概念を、実感し、想像できる位相へ開いていくことの意味について、アート／ミュージアムを介して考察する。具体的には、美術館という場所で、大学生たちが視覚障害者[3]に向けてアート作品を解説する音声ガイダンスを作成する実践を紹介する。この実践を通じて、晴眼者である大学生たちが、初めて視覚障害者の世界に自ら接近していく様子、さらに視覚障害者という特定の対象を起点にして、そこからジェンダー、性的指向、宗教、エスニシティをはじめとする多様な差異への気づきに向かう様子をみていきたい。

ちなみにこの実践がそうした契機になりうるのは、アート／ミュージアムが長らく多様性を考える場として社会のなかで切磋琢磨してきたからだ。しかし、その一方で、すべての時代・地域のミュージアムがそうした多様性に向けて十分に開かれてきたわけではない。そこで、まずはアート／ミュージアムという場が、これまでどのように多様性という課題に向き合ってきたか／向き合えてこなかったかをみていこう。

1　多様性の砦としてのアート／ミュージアム

多様性（ダイバーシティ）の問題は、アートの領域やミュージアムという組織がこの数十年間真剣に取り組んできた課題だ(4)。

一九七〇年代以降、欧米諸国でミュージアムという名の組織は、その植民地主義的で家父長的な性格に対して、容赦ない批判を浴びるようになった。ミュージアムは植民地を搾取した富によって成立した組織であること、その結果、白人男性の視点からの歴史や作品しか扱わず、来館者は中産階級以上でかつ白人、健常者、異性愛者という層に偏っていることへの批判が、ミュージアム業界の内外から繰り返されるようになった。

そうした批判は二〇〇〇年代以降さらに顕著になり、やがてグローバリゼーションの波にさらされるなかで、欧米諸国のミュージアムは変化を余儀なくされる。これまで歴史的な構造のなかで収集・展示される側にいた人々が来館者として訪れるようになり、またミュージアムの経済的自立が求められ、これまで以上に多様な来館者層を受け入れる必要に迫られるようになった。いまや多くの館が、例えば女性の視点を常設展示に入れたり、展示での先住民の表象を見直したり、視覚障害者に向けたワークショップを開催したり、地元の移民コミュニティやブラックコミュニティに出かけていって関係を作ったり、ホームレスと連携して展示を考えたりと、実に多様なコミュニティと関わる多彩な実践を積み重ねている。先のような批判がなくなったわけではないが、ミュージアムという場所は社会の多様性を積極的に推進する役割を担っていると多くの関係者が認識するようになったといえるだろう。

また、多様なコミュニティの名を冠したミュージアムも続々と誕生している。例えば、ベルリンやサンフランシスコをはじめとする都市にはＬＧＢＴＱのミュージアムやアーカイブがあり、ロンドンでも設立の計画が進んでいる。(5) ニューヨーク、メルボルン、アデレード、ロンドンといった移民都市には、移民や移住に関するミュージアム(6)がある。とりわけメルボルンの移民博物館は、移住の歴史だけでなく、移民に対する社会のなかの偏見や差別といった認識の問題を扱う画期的な常設展示があり、地元の移民コミュニティと密接な関係を築きながら運営されている。ワシントンＤＣにあるスミソニアンミュージアム群には一六年にアフリカン・アメリカンの歴史や文化を扱う国立のミュージアム(7)が誕生した。また、知的障害者や、アートの専門教育を受けていない作家によるアート（アールブリュット）を扱うコレクションも少なくない。

ここ数年、移民排斥や右派政権の誕生などが相次ぐ欧米では、多文化主義の後退と揺り戻しが指摘されているが、そのなかにおいてミュージアムという場所は、依然として（あるいはだからこそ）多様性を担保する最大の砦になっている。

2　多様性の奨励とその課題

しかし、このようにミュージアムが多様性（ダイバーシティ）の奨励に向けて長年取り組んできたのは、あくまで一部の欧米諸国、とりわけ植民地主義の結果、多くの移民が構成員になった国々や、オーストラリアやカナダなどの多文化主義を国家の政策として掲げる国々の話だ。日本のアート界やミュージアム界で、多様性や多文化などの言葉が聞かれるようになったのはごく最近のことだ。

日本社会は文化的に均質であることが長らく自明とされてきた。日本は「一言語・一民族の国家」であるという趣旨の発言を政治家がたびたび不用意にしてしまうのも、そうした均質性の認識を前提としているからだ。当然、こうした認識は実態とは異なるが、在日コリアン、アイヌ民族、琉球民族といった日本列島に暮らす多様なルーツをもつ人々を文化的に同化させることが「自然」なこととしておこなわれてきた結果、「一言語・一民族」の文化が支配的になった。この間、日本には先に挙げた国々のような、多様性を尊重しなくては立ち行かなくなるような切実な状況はなかったのである。

そうした認識は、やがて再考を迫られるようになる。一九九〇年代以降、日系ブラジル人などの外国人労働者が急増するなかで、日本でも「多文化共生」という言葉が聞かれるようになった。とはいえ、それは工場で働く外国人労働者の集住地域などの、一部の地方自治体やNGO／NPO関係者のなかで使われていたにすぎなかった。[8] その後、東京二〇二〇オリンピック・パラリンピック[9]の開催が決定したことで、国家レベルで聞かれるようになったのが「多様性（ダイバーシティ）」という言葉である。ここでの多様性は、ロンドン大会（二〇一二年）とリオ大会（二〇一六年）のレガシーを引き継ぐかたちで謳われた概念であり、「人種、肌の色、性別、性的指向、言語、宗教、政治、障がい（ママ）の有無など、あらゆる面での違いを肯定し、自然に受け入れ、互いに認め合うこと[10]」と定義されている。グローバルイベントの開催と、外国人観光客受け入れという文脈のなかで、多様性は、日本が本腰を入れて取り組むべき課題の一つになった。

　こうした政府の旗振りに合わせて、文化行政でも多様性という言葉が使われるようになり、多言語や多文化に関わるプロジェクトに予算がつくようになった。国立のミュージアムには四カ国語対応が浸透し、それ以外のミュージアムでも多言語対応は比較的早いペースで進んだ。また、北海道白老町のアイヌ民族博物館（ポロトコタン）が、「民族共生象徴空間」の一環として、日本で先住民をテーマにする初の国立博物館になったことは、多文化を奨励する国家的な要請の象徴例といえるだろう。

　さらに、政府が二〇〇三年から実施しているビジット・ジャパン・キャンペーンの効果も相まって、一五年以降、国内の外国人は急速に増え、とりわけ都市圏のミュージアムでは外国人の来館者が急増した。[11] 多言語対応はその意味でも重要かつ切実だが、一方で、これらの整備にはもっぱら外国人観光客が意識されていて、必ずしも生活レベルやコミュニティレベルでの多様性に直結しているわけではない。ミュージアムが、定住外国人や、それ以外の多様な人々と継続的な関係を築くことは、一部の例外を除いて未だほとんどできていないのが現状である。[12]

その一方で、日本のミュージアムの現場レベルで浸透しつつあるのが、障害者（特に身体障害者）への対応や配慮である。一九八一年の国際障害者年はそのきっかけの一つになったが、九〇年代後半には複数の館で取り組みがみられるようになった。この時期からバリアフリーやユニバーサル・デザインについて考える研究会や報告も徐々に増え、文部科学省の告示や日本博物館協会の提言などでも障害者への対応は明文化されてきた。[13]そして二〇一六年の障害者差別解消法の施行によって、障害者への合理的配慮が義務化されてから、ミュージアム業界では（主に身体的な）障害者の対応への理解は広く浸透しつつある。

さて、ここで問題が一つある。それは、こうした障害者に対する対応や認識が、それ以外の多様性（ダイバーシティ）とはなかなか接合しないことである。障害者への対応に取り組むミュージアムが、それ以外の多様性に対して開いていくことのハードルは、想像以上に高い。多様性の奨励とは、先の定義を用いるならば「人種、肌の色、性別、性的指向、言語、宗教、政治、障害の有無など、あらゆる面での違いを肯定する」ことである。そうした点からすれば、障害者への取り組みの延長に、例えば定住外国人のエスニシティや、多様なジェンダーやセクシュアリティを視野に入れた取り組みを位置づけることは自然な流れだと思われるのに、なぜ多くのミュージアムがそのように射程を広げていくことに逡巡するのだろうか。

理由は大きく分けて二つ考えられる。一つは（身体）障害者への対応が、バリアフリーという言葉とともにスロープ・車椅子・点字などの物理的な対応として求められる傾向にあり、しかもそれを支える障害者福祉や社会福祉分野の方法論が発達していて、特殊性が高いことである。そのため、ほかの多様性と接続させて考えにくくなる。次に、より根本的な理由として、そもそも「多様性」という概念が、外から、あるいは上から与えられた枠組みにすぎないという点である。いまでこそ社会の多様性を積極的に推進する諸外国のミュージアムが少し前まではそうだったように、日本のミュージアムには、先の定義にある様々な差異を、人々のアイデンティティの重要な一部として捉え、館としてそれに対応していくという発想自体がこれまでほとんど存在しなかった。

「人種、肌の色、性別、性的指向、言語、宗教、政治、障がいの有無」などは、それによってほかの人と区別される、その人が何者であるかを表す特徴であり、アイデンティティの構成要素である。これらの差異は、社会でのその人の位置や、それによる自己認識と深く関わる。例えば様々な障害も、人種、エスニシティ、宗教などの多様性も、アイデンティティの一つと捉えれば、それらを地続きのものとして考えることができる。一方、障害者、定住外国人、エスニックマイノリティ、LGBTQ[14]といった人々を、来館者のカテゴリーとして考えてしまうと、それぞれの対応を特殊なものとしてより専門化させることになってしまう。また、実際には、障害をもつ定住外国人もいれば、エスニックマイノリティで性的少数者もいることを忘れてしまう。

このような状況は、行政やその組織の在り方にも端的に現れている。日本の博物館[15]の大きな割合を占めるのが地方自治体（県市区町村）が設置した公立館であり、そのため博物館も自治体行政の影響を色濃く受けている。そして、その地方自治体の行政組織からみれば、例えば先にみた「多文化共生」とは、あくまでも定住外国人の日常の生活支援やコミュニケーションの支援を意味し、そのために、文化行政の部署での取り組みは期待されていない。一方、「多様性（ダイバーシティ）」は、国家レベルの（上からの）旗振りであって、自治体行政にはなじみがない枠組みであり、それを実施する組織の体制もない。組織レベルでは、障害者と、定住外国人と、エスニックマイノリティやＬＧＢＴＱは異なる「専門分野」であり、これに取り組む部署もまた異なっているのである。このように、外から／上からやってきた「多様性」の旗振りは、国の基本単位である地方自治体の組織の実態とは現行ではそぐわないことも多い。

もちろん、専門性が不要だといっているのではない。しかし、そうした専門性と同時に、多様性を、アイデンティティを構成する差異の問題として捉える視点や発想がなければ、（主に身体）障害者への認識や対応を、ほかの多様性へと敷衍して地続きで考えることは困難である。また、そうした専門分化が、かえって現場を気負わせ、柔軟な対応や発想を妨げることもある。何よりも、こうした状況では、障害者を対象としたミュージアムの様々な取り組みが、おのずと限定された対象者への対応や経験としてだけ認識され、そこからミュージアムを開いていく契機を奪ってしまう。

3　アート／ミュージアム実践が投げかける問い

いささか抽象論になってきたので、ここからは、美術館での実践を通して筆者がなぜ多様性をアイデンティティの問題として捉えることの重要性を考えるに至ったのかをみていきたい。冒頭に述べたとおり、紹介するのは、美術館の作品を視覚障害者[16]が楽しめるような音声ガイダンスを作ってみるという実践で、筆者が岡山県立美術館の学芸員・岡本裕子氏[17]とこの数年手がけているものである[18]。実践に参加してくれているのは、学芸員課程を受講するノートルダム清心女子大学（岡山市）の大学生たちであり、全員が晴眼者である。

まず確認しておきたいのは、ミュージアムとは、モノや展示や各種イベントを介して情報を発信するメディアであるという点である。ミュージアムは、決して「正解」を展示・伝達する場ではなく、学芸員や館の関係者という送り手が、館での活動を通じて、受け手である来館者に、自分たちの物語やメッセージを語る場である。そして、メディア論的に考えれば、この物語やメッセージは、来館者がどのように受け止めるかによってはじめて「意味」をもつが、実際その受け取り方はきわめて多様である。

メッセージの意味が、送り手と受け手の双方によって作り出されるということは、それが送り手の意図とは異なるものとして解釈されることが当然あるということだ（受け手の誤読も含め）。一方で、送り手が受け手について十分にみえていないことが原因で、メッセージが届かないこともある。いずれの場合にせよ、この実践の目的は、情報の送り手（未来の学芸員）に、受け手（来館者）の存在と、その多様性を意識することの重要性について考えてもらうことである[19]。言い換えれば、多様な来館者に対して館が開かれているかどうかという、アクセシビリティ（accessibility）への視点を醸成することが狙いだ。

三分程度の音声ガイダンスを作るという課題は、至ってシンプルな作業に聞こえるかもしれない。しかし、この課題に取り組む大学生たちは、毎年大いに悩み、考え、そして楽しんでくれる。そんな学生たちのコメントを少しだけ紹介しながら、実践の様子をみていこう（学生たちが書いたそのままの言葉で所収する）[20]。

普段の生活でも、相手の気持ちを考えることを大切にしながら生きようと心掛けていた。しかし、それは、相手が自分と同じように目が見え、耳が聴こえるという前提だったことに気づかされた。自分がみているのと同じ景色を相手も見ていて、自分が聴いているのと同じ音を相手も聴いているのだと思い込んでいた。

視覚障害者の方の生きている世界を体験するために、目隠しをして館内を歩いてみた。私は手を伸ばして、木材と鉄を触った。しばらく触ってみて、今触っているのが椅子であると気づいた時、感動するとともに嬉しかった。（略）しかし、よく考えてみると、私は晴眼者の立場から、視覚を使わずに、触覚だけで物を識別できた新鮮さに感動し、嬉しかっただけで、視覚障害者にとっては特に感動する体験ではないと気づいた。　（人間生活学部人間生活学科二年）

学生たちがまず気づくのは、自分とは違う世界に生きる人々の存在と、彼らの感覚に近づくことの困難である。みんな違って良い、という教えのなかで自らが想定してきた「みんな違う」とは根本から異なる「他者」の風景や感覚を、ごく表層的にではあるが追体験することから、この実践は始まる。

ブラインドツアー[21]では突然視界を奪われたような感覚であるため足がおぼつかず、展示の説明を詳しくしてもらってイメージはできてもやはりアイマスクをしていない状態と同じように は楽しめなかった。音声ガイドを作成する際にも全盲の人にどこまで説明すべきなのか、逆に説明すべきでない事柄は何なのかというところでかなり苦戦した。（文学部英語英文学科二年）

（略）誰でも普遍的に聴ける音声ガイダンスなどありえないのだということに気がついた。それを踏まえて、自分の作ったものを振り返ってみると、県立美術館での講義で行った視覚障害者の美術鑑賞のシミュレーションでの経験が活かされておらず、作品の解説が最初にきてしまって、作品が見えない人には退屈な部分の多い構成になってしまっていた。

（文学部現代社会学科二年）

この課題が大変なのは、ごく限られた時間のなかで、実際に音声ガイダンスという一つのかたちに仕上げなくてはならないことだ。作業の過程で様々なことに気がつけば気がつくほど、そして熟考すればするほど、簡単には答えはでない。しかし、考えをまとめられないままにでも、とりあえずは作品を完成させなくてはならない。

その一方で、多様性やアクセシビリティへの想像力は、理論だけを突き詰めても育まれない。かたちにしなくてはならないからこそ、視覚障害者の世界を必死で覗こうとし、そこに少しだけ接近することができるのだ。
　しかし、だからといって視覚障害者を「理解」できるようになるわけでは決してない。学生たちが気づくのは、むしろ自分のなかにある思い込みや偏見である。

　自分が健常者であるがゆえに、想定するべき範囲が無意識に狭められていたように思う。障害者や高齢者、小さな子どもはすぐに想定が出来たけれど、視覚障害者という来館者は全く考えられていなかった。それは「目の見えない人は博物館になんて来ない」という無意識的な差別意識であり、問題を直視出来ていなかったように感じる。（人間生活学部人間生活学科二年）

　私達のグループでは、色についてはあえて説明しないという選択を取った。しかし、（ほかのグループの）発表を聞いて、全盲者のなかでも、色がわからないからこそ知りたい、という意見を聞いて、驚き、自身のなかに「全盲者は色についてはわからないから知りたくない」という勝手な固定観念があったのだなと分かった。また、晴眼者であっても、それぞれの人によって色の感じ方も異なるということにも気づいた。いざ他者に説明するとなると、自分は目が見えているはずなのに、言葉で表現することができず、見えているにもかかわらず、見えていなかったのだなと感じた。（文学部現代社会学科二年）

二つ目のコメントが示すように、そもそも自分は見えていたのか、という問いにつながったとき、視覚障害者という存在は、自分と無関係な「他者」ではなく、自分と地続きの存在になる。また、そのことがきっかけで、自身の障害やアイデンティティとあらためて向き合う学生もいる。

自分自身、少し前に油絵の具で静物画を描いていた時に先生から「色覚が少しほかの人と違うのかな、塗っているトーンが暗いね」といわれ、自分の見え方に不安を抱くという経験をした。色盲や色弱の検査の必要性も今まで言われたこともなく、不自由もしてこなかったこともあって衝撃を受けた。今も気にしなくてよいと思っているが、一人ひとりの世界の見え方が違うという感覚に、このことで気付くことが出来た。（略）それと今回の学びを踏まえて考えると、かなり自分の考え方がポジティヴになったと感じている。人によって見え方は異なるのだから、全盲の人にも弱視の人にも、それぞれの見え方があるのだろうと考えることができるようになった。

（文学部現代社会学科二年）

これらのコメントの端々に現れているように、視覚障害者のための音声ガイダンスを作るという課題は、決して視覚障害者の世界を理解するためだけのものではない。他者への想像力は、まずは社会のなかでの自分の立ち位置を自覚することから始まるのではないだろうか。いわゆる「自己と他者の線引き」は、無意識におこなわれている。したがって、まずは線を引いている自分を自覚し、自省することから、多様性への意識は生まれる。当たり前としてきた自分の位置を捉え返すことが、他者への想像力の第一歩なのだ。

その過程を経たうえで、視覚障害者からそれ以外の多様なオーディエンスへと視野を広げてもらうことを、この実践は目指している。実際、視覚障害者という一つの対象に焦点化して、その視点に徹底的に寄り添うという仕掛けを通じて、多様な差異やアイデンティティを考えるきっかけになっていることが、以下のコメントからもうかがえる。

ミュージアムにはいろんな人が来るということについても考えさせられ、社会には多種多様な人がいるのと同様にミュージアムも公共の場である以上、さまざまな人が来館する。それに対応するようミュージアムはつくられなければならない。子どもや大人、高齢者、性的マイノリティ、障がいのある人、人種や民族など限りなく存在している。その人たちがストレスなく楽しめるような場所にする必要があるということが、今回の授業で分かった。

（文学部現代社会学科二年）

岡山県立美術館での二つの実践を通して、アートのアクセシビリティとはどれだけの人がその同じアートを同様に楽しむことが出来るか、ということではないかと考えた。しかし、すべての人が同じように同じアート作品を楽しむことは不可能であると考えられる。何の障害を持っていない人でも、アートそのものに敷居の高さを感じる人もいる。そもそも、多くのアートの前提が「目で見る」ことである。視覚障害を持っているものは楽しむことはできないのだろうか。聴覚や触覚に障害のあるものはどうだろうか。一般的に言うセクシャル・マイノリティの人たちはどうだろうか。宗教上の理由によって価値観が違う人はどうなのだろうか。アートに興味・関心がある健常者で、性的指向や性自認が多数派の人で、宗教上に何の問題も抱えていない人だけが楽しめればそれでいいのだろうか。それでは、アートのアクセシビリティは狭く閉じていってしまうと考えられる。

（文学部英語英文学科二年）

今回の授業を受け、博物館はメディアであるということ、またそのメディアは誰に向けたものか、まだはっきりと分からないが、ぼんやりとその存在が見えたように思う。また、多様な人々への配慮について考えることにもなった。子どもや障害をもつ人へのバリアフリーなどは思い浮かべることができたが、トランスジェンダーや宗教、さまざまな病気などへの配慮は気が付かなかった。社会が多様性を帯びていくことは、同時に社会がより複雑になっていくことでもある。互いが互いを受け入れようとすると、それだけ多くの課題に直面するということに今後向きあっていかなければならないと思った。

（人間生活学部人間生活学科二年）

もちろん、こうした様々な多様性を学生が（ひとまず）言語化できているのは、この実践の前後に、ミュージアムのアクセシビリティや、来館者の多様性に関する講義がセットになっているからだ。例えば展示の文化表象の問題や、コレクションの返還要求問題など、国内外のミュージアムにまつわるポストコロニアルな諸問題はもちろんのこと、現場で来館者の多様性の確保をめぐって議論や問題になった事例を題材として学生たちに示し、学生同士あるいは教室全体でディスカッションもおこなっている。さらに、岡山県立美術館でも、学芸員による講義や館の取り組みを聞き、「聴くワークショップ[22]」やブラインドツアーをおこなう。そうしたイメージ・トレーニングをいくつも重ねたうえで、学生たちはようやくグループに分かれて、ガイダンス作成作業にとりかかる。したがって、実践は、それまで学生たちが座学であるいは頭で考えたことを具体的にかたちにする作業でもある。そして、この作業を通して、もう一歩、考察を深めていくのである。

　このようにして、実践と講義がつながり、また視覚障害者という一つの差異から、ほかの差異へと敷衍して考えることができたのは、音声ガイダンス作成という仕掛けによるところが大きい。アート作品を視覚に障害がある人に解説するという作業の最大のポイントは、障害に対して福祉的で保護的な目線を回避できるという点である。というのも、実際の制作で、「晴眼者と同等のサービスを提供する」という保護的な目線では、効果的な音声ガイダンスは作れないからである。彼らの風景をみようとすることで、はじめて彼らに言葉が届くからだ。そのうえで、彼らの視点に立って作品とどう向き合えるのかを徹底的に考えなくてはならない。そのなかで、「晴眼者と同じように」「健常者と同じように」という感覚自体がきわめて危ういものであることに多くの学生が気づく。そして視覚障害者の世界を覗くことが、実は自分にとってもミュージアムにとっても有意義であることを実感する。彼らの視点に寄り添った先に、アートの新しい見方という発見があることで、そこに自分との関わりを見いだすことができるのだ。

　何よりも、多くの大学生にとって、いきなり障害やエスニシティやジェンダーについて内在的に考えることは容易ではない。その一方で、音声ガイダンスの作成という具体的な作業を通して、障害を障害と捉えるのでなく、多様なアイデンティティを構成する差異の一つという感覚をつかむことにつながることが、学生たちのコメントからは垣間見える。そこではじめて、様々な多様性を同じ地平線上に据えて考えてみることができるのである。

このように、アートを解説するという作業を介することで、障害を障害ではなくアイデンティティの問題と接続させやすくなり、またそうすることで、先述したような差異ごとの分断を認識論的に乗り越えることの可能性がみえてくるのではないだろうか。

おわりに

本章ではまず、アート／ミュージアムという場での多様性の現状について、世界と日本を概観したうえで、身体的な障害者への対応は進んでいる一方で、その知見がそれ以外の多様性とはなかなか接続しないという現在の日本のミュージアムの課題を指摘した。そのうえで、アート／ミュージアム実践を通して、多様性の問題を「内在化する」ことの意味についてみてきた。また、視覚障害者の風景を自らの課題として考えることで、「差異」の意味に気づき、そこから多様な来館者の差異を、アイデンティティの地平で考える可能性について考察してきた。

このように書くと、こうした目論見があたかも計算されていたかのように聞こえるかもしれない。

実際には、筆者がこのような認識をもつに至った過程にこの実践があり、学生たちや現場の学芸員との作業を通して、多様性をアイデンティティの地平で考えることの重要性に気づいていったというほうが正しい。また、このささやかな実践が、前述したような日本の組織の問題を直接解決することはない。しかし、今後ミュージアムと関わる可能性がある大学生たちが、実践を通じていろいろと考え、経験することで、長い目でみれば現場の意識は少しずつ変わっていくはずだ。実際、アートやミュージアムの現場では大きな世代交代が起きはじめている。多様性を奨励することが社会にとってなぜ必要なのか、なぜそのほうが自分も生きやすくなるのかを考えることができるのは、アート／ミュージアムがもつ可能性といえるだろう。

注

（1）本書第1章「多様性との対話」（岩渕功一）の第2節を参照のこと。
（2）ミュージアムは、美術館、博物館などの総称。本章では、アートや美術館を中心にしながらも他の館種も射程に入れて論じているため、このように表記する。
（3）本来であれば「視覚障碍者」と記述するべきだが、読みやすさを考慮して本章では「視覚障害者」と記述する。同様に、「障碍」も「障害」と記述する。
（4）詳しくは村田麻里子／吉荒夕記「21世紀のミュージアムと多文化共生――日英における文化的挑戦」（全日本博物館学会編「博物館学雑誌」第四十三巻第二号、全日本博物館学会、二〇一八年）を参照のこと。

（5）ベルリン市にはBerlin's Gay Museum（Schwules Museum）が、サンフランシスコ市にはThe GLBT Historical Society Museumが、アリゾナ州ツーソン市にはTucson LGBTQ Museumがあるほか、LGBT関係のアーカイブがアメリカを中心に複数ある。また、イギリスの非営利団体（登録チャリティ）であるQueer BritainがロンドンにイギリスРの国立のLGBTQ＋ミュージアムの開館に向けて動いている。

（6）ニューヨークにはTenement Museum: Immigration Museum NYCやEllis Island Immigration Museumが、メルボルンにはImmigration Museum: Museum Victoriaが、アデレードにはMigration Museum: Adelaidiaが、ロンドンにはMigration Museumがある。

（7）Smithsonian National Museum of African American History and Cultureのこと。

（8）そのため現在でも「多文化共生」という言葉は、主に定住外国人の受け入れを想定して使用される傾向にある。

（9）二〇二〇年一月第一稿完成時。その後、新型コロナウイルス感染拡大が深刻化し、二〇年三月二十四日に大会の一年延期が決定した。

（10）東京二〇二〇オリンピック・パラリンピックの大会ビジョンから。

（11）二〇二〇年一月第一稿完成時。その後、新型コロナウイルス感染拡大が深刻化し、二〇年四月現在、七十三カ国からの入国拒否の措置をとっているが、過渡的なものであり、また文化行政に関しては今後の見通しもまったく立っていないため、この論文の内容には反映していない。ただ、国家的要請としての多様性の奨励が後退を余儀なくされることは間違いなさそうだ。

（12）例えば、東京都美術館では二〇一六年から外国にルーツをもちカルチャーギャップの困難を抱えた子どもたちや、貧困や障害等の困難を抱えた子どもたちを対象にしたワークショップ・ミュージアムトリップの実践を続けている。東京都多摩六都科学館でも、一六年から地域の定住外国人やその家族とのコミュニティ作りに取り組みはじめた。また群馬県のアーツ前橋では、やはり一六年からアートが福祉や医療の現場に入っていくことを目指すプロジェクトを進め、アーティストとともに様々なＮＰＯと連携している。こうした実践はまだ数えるほどしかない。

(13) 例えば、二〇〇五年から〇七年の日本博物館協会による文部科学省委託事業は障害者・外国人・高齢者を対象としている。また、「博物館の設置及び運営上の望ましい基準（平成二十三年十二月二十日文部科学省告示第百六十五号）」（二〇一一年）には、高齢者・障害者・乳幼児の保護者・外国人への対応が明記されている。

(14) 当然、ＬＧＢＴＱそれぞれのアイデンティティも、一緒くたにはできない。一方で、最近はＬＧＢＴＱよりもＳＯＧＩ（Sexual Orientation and Gender Identity）という文言を使うことが奨励されており、東京二〇二〇の大会ビジョンでもこちらを使っている。性的マイノリティの性的指向・性自認だけでなく、異性愛者を含むすべての人の属性を対象とすることを意図している。

(15) 日本の行政ではミュージアムではなく博物館という用語を使用している。

(16) ここでは全盲の成人を想定している。また、先天性か後天性かについては、学生たちの気づきに委ねている。

(17) 教育普及担当。二〇一一年から岡山県の盲学校の生徒たちを対象とした美術鑑賞プログラムを始め、現在に至る。詳細は岡本裕子「対話を用いた教育プログラムの立案——美術館と盲学校の連携事業から」（広瀬浩二郎編著『ひとが優しい博物館——ユニバーサル・ミュージアムの新展開』所収、青弓社、二〇一六年）を参照のこと。

(18) 筆者が担当する「博物館情報・メディア論」(集中講義形式)の一環としておこなっている。本書は博物館学の書籍ではないので、プログラムの概要や詳細については別稿に譲る。

(19)「博物館情報・メディア論」のねらいは「博物館における情報の意義と活用方法及び情報発信の課題等について理解し、博物館の情報の提供と活用等に関する基礎的能力を養う」(文化庁)ことである。授業では、①メディアとしてのミュージアムと、②ミュージアムのなかのメディアについて考える。

(20) コメントは二〇一七年度から一九年度の受講生のレポートから抜粋したもの。

(21) 二人一組のペアを作り、一人がアイマスクをし、もう一人が誘導しながら展示室にある作品を解説していく鑑賞方法。

(22) 二人一組のペアを作り、一人がアイマスクをし、もう一人がアート作品を解説するワークショップ。アイマスクをしたほうが質問することで、対話が深まる。

論点４　批判にとどまらず具体的に実践すること　松中 権［インタビュー聞き手：岩渕功一］

松中さんはグッド・エイジング・エールズの代表として、ＬＧＢＴに関する運動に積極的に関わっています。設立の経緯はなんだったのですか？

グッド・エイジング・エールズ(1)という団体は二〇一〇年にできました。私自身、何かＬＧＢＴの運動に関われたらなと思い始めたのが〇九年前後です。金沢市という田舎で育って、仲間もいなかった。東京に来たのは、仲間を見つけるためでした。大学に入ったけど、その当時はまだカミングアウトする人はいません。体育会系の部活をしていましたが、自分とＬＧＢＴといってもゲイ雑誌くらいしか接点がありませんでした。インターネットを見ていたら、オーストラリアではゲイカップル、レズビアンカップルが仲良く暮らしているという情報がありました。日本以外のほうが住みやすいと思い、一九九九年の二月からメルボルンに行って、メルボルン大学で初めてカミングアウトをしました。

ゲイスタディーズもクイアスタディーズも盛んで、生きやすいのでそのままオーストラリアで就職しようかと思っていたときに、たまたま知り合った電通の人から「広告会社は、多様な相手にコミュニケーションや発信をするので、将来、ゲイとしてカミングアウトしていることが生かせるかもしれないよ」と言われたのをきっかけに、電通の面接を受けて入社しました。電通では馬車馬のように働きました。入社以降ずっとカミングアウトはしていませんでしたけど、この人にならカミングアウトをしても大丈夫かも、と思う上司がいました。その人はすごくチームの人を見ている人で、僕自身のこともよく知っているから、言いやすいと思ったのです。でも、その人はある事故で亡くなりました。そこから自分の人生を考えるようになり、なぜ生前、その人にカミングアウトしなかったのかなどと考えました。

そう思いながら研修制度を使ってニューヨークに行ったのが二〇〇八年。バラク・オバマが大統領になった年です。「将来はソーシャルな仕事をしたい」と思っていたのですが、当時の日本でソーシャルイシューというと「環境・エコ」しかありません。ハイブリッド車が出始めた時代です。海外では巨大なNPOやNGOがプロのイベント会社に依頼して、イベント会社が生活者のことを考えてベストなイベントを作って、社会に還元する。企業はそのNPOに寄付をする。そうしたサイクルを日本でやれたらいいなと思いました。環境の仕事をしているとき、電通が一緒にやろうとすると、日本のNPOやNGOは「電通は敵」という感じでした。それがニューヨークに来たら、ソーシャルイシューに関しては、それぞれが強みを生かし、みんなで手を組むということが始まっていて、これが日本にあればいいなと思いました。

その後、日本に帰ってきて、『メゾン・ド・ヒミコ』(監督：犬童一心、二〇〇五年）というゲイの老人ホームを扱った映画を見て、将来、こうしたものがあればいいなあ、と仲間たちと話していました。みんなで立ち上げたグッド・エイジング・エールズの「エール」というのはエール交換のエールで、加齢することを前向きに捉えて、当事者と非当事者間に壁を作るのではなくて応援しあおうと。立ち上げは、その当時のゲイの友達九人と、一人のストレート（シスジェンダー・ヘテロセクシュアル）の女性が入っていました。当時、ストレートの人と一緒にやるというのは、メンバーのなかにも不安がありました。でも、この人だったら大丈夫というインクルーシブな生き方の人で、最初から開いた組織にできました。実は、その方は亡くなった上司が結婚していた女性のパートナーでした。

最初、グッド・エイジング・エールズは勉強会をやっていて、メンバーにファイナンシャルプランナーとか、介護業界で働いている人とか、私なら広告業界とか、その人がもっている「プロ」の部分を生かそうという発想で集まっていました。大きなイベントをするというより、仲間たちが集まって、例えば、ファイナンシャルプランの視点から、そうしたプランは全部ストレート向けになっているから、それをゲイカップルにしたらどうなるのかと検討したりしていました。また、老人ホームの見学をしたり、就職活動中の学生から相談を受けて、企業の職場環境はどうなのかが知りたいというので、実際に働く当事者の先輩を集めて話を聞いたりとか。

その頃からLGBTという言葉をメディアでも目にするようになってきて、当事者の横のつながりを作りたいと思い、二〇一一年ぐらいからレズビアンの人、バイセクシュアルの人、トランスジェンダーの人ともちゃんとつながろうということで、ネットワーキング・パーティーをしました。それで少しずついろいろなセクシュアリティの人が参加するようになってきました。イベントの場を作ることが好きなメンバーが多かったので、葉山に夏限定のＬＧＢＴフレンドリーなサードプレイス・カラフルカフェを作りながら、ファーストプレイスであるお家を変えようということで、シェアハウス・カラフルハウスを作りました。また、セカンドプレイスたる職場を変えようということで、カンファレンス「work with Pride」を年に一回開き始めて、一六年からは「ＰＲＩＤＥ指標」という取り組みを通じて企業ができることの指標化もおこなっています。当事者のカミングアウトが社会を変えるために生かされたらいいなと思い、全国の当事者ポートレートを撮影するプロジェクト「OUT IN JAPAN」をスタートし、各地で写真展も開催しました。

それらのプロジェクトを通して、ＬＧＢＴの人たちを応援する。その過程で、自分たちだけでやっても伝わりにくい層がいる、様々な主体と連携する大切さを学びました。企業とやることで、伝わることもある。企業がもつ力をうまく僕らが生かすというか、利用させてもらうという意識が強いです。広告会社にいたからかもしれませんが、利用するからには、向こうにもメリットがないといけないという視点は大事ですね。

東京二〇二〇オリンピック・パラリンピックを契機として捉えた「プライドハウス東京」の代表としても活動してますね。

当初、私は全然プライドハウスの話を知りませんでした。ヒューマン・ライツ・ウォッチから、大きなスポーツ大会の際に開設するプライドハウスというものがあると聞き、興味をもちました。そのプライドハウスが二〇一四年のソチ五輪・パラリンピックの際に、ロシアで同性愛宣伝禁止法が制定されたために設立できないという状況がありました。そこからプライドハウスインターナショナルというバーチャル組織ができました。トロントで一五年にパンアメリカンゲームという南北アメリカ大陸のスポーツの大会があって、トロントのプライドハウスができました。カナダはＬＧＢＴに関しては先進国ですから、もともとＬＧＢＴセンターもあった。それをベースに作ったのです。プライドハウスインターナショナルは過去にプライドハウスの活動をしていた人と、今後プライドハウスの活動をしていく人たちからなる組織で、トロントで開催されたスポーツインクルージョンサミットには、一六年のリオ五輪・パラリンピック、一八年の韓国の平昌五輪・パラリンピックに向けて現地の団体が手を挙げて参加しました。各国とも素晴らしい活動をしています。でも当時は日本から手を挙げる人が誰もいなかったので、様々な場づくりをしていた僕たちの団体に声がかかったわけです。

リオ五輪・パラリンピックが開催された二〇一六年、電通では官邸の国際広報室担当で、ジャパンハウスという期間限定の、日本の技術力、文化、歴史などを海外に発信するイベントをリオで実施していました。日本ではどういったかたちのプライドハウスがいいのか考え始めたのはその頃です。リオは、年間で数百人のトランスジェンダーの女性が殺されるなど、ひどい状況でしたので、そのためのシェルターをプライドハウスと呼んで、一、二日イベントを開催していました。
プライドハウスを成功させるにはＮＰＯだけでなく、そのなかにいろいろな主体というか、ステークホルダーがいないといけない。社会を構成している人たちで一緒に作らないと、一方通行になりかねない。コミュニティの様々な人たちを巻き込むことも大事です。いま、ＮＰＯや専門家が三十、企業が十八、大使館が十五。いろいろな主体がいます。二〇二〇年には、公式に組織委員会と何かできればいいなと思います。リオのときに、オフィシャルなところと組まないとできることは少ないということを学びました。選手にも当事者が当然いるでしょうしね。

日本には、大型の総合ＬＧＢＴセンターがありません。サンフランシスコ、ニューヨーク、トロントにはありますし、地方都市にある場合もあります。ＨＩＶについては厚労省が関わった施設がありますが、これはゲイ・バイセクシュアル男性が中心でほかのセクシュアリティの人はアクセスしにくい。東京では、新宿二丁目の真ん中にあるので、そこにアクセスしやすい人でないと難しい。プライドハウス東京は、そうした常設スポットを作ることを将来的に目的としたプロジェクトです。

会社も辞めて運動に専念しようと思ったきっかけはなんですか？

リオから戻って一年後、電通を辞めましたが、もともとのきっかけは二〇一五年の一橋大学でのLGBT差別、アウティングに関わる事件[3]のニュースを見たことです。自分のことのように大きなショックを受けました。その時点で電通を辞めようと思い、プライドハウスもしっかりやって、活動に身を置こうと思いました。一橋の件があって、個人的にどれだけちゃんとLGBTのイシューと向き合ってきたのか考えるようになりました。

制度や仕組みを変えるのは大事です。国会議員と超党派で法律を作るという「なくそう！SOGIハラ[4]」実行委員会をやって、日本でも差別禁止法を作ろうと動いています。電通を辞めて最初にやった仕事は、とんねるずの番組の差別的な表現の件で、フジテレビに抗議文を出したことです。電通にいたから、どこに何を送れば、相手が動きやすいかを知っていますし、BPO（放送倫理・番組向上機構）という存在も知っていました。LGBT支援ハウスにも関わっていて、これは日本版のLGBTシェルターです。僕らは直接支援をしているわけじゃないですが、僕らはそのイシューをどう見せて伝えていくのかについてアドバイスをしています。一橋大学では、卒業生有志とプライドブリッジと任意団体を作り、履修登録もできる寄付講座「一橋プライドフォーラム」を社会学部大学院ジェンダー研究所と開きました。僕も講師の一人ですし、企業の人もいます。活動家もいれば、超党派の国会議員もいます。一橋の先生にも関わってもらっています。

「ＬＧＢＴブーム」は企業や一部自治体のブランディングに使われている、実際の国レベルの法制度の改革に結び付かない、などの批判もあります。

批判は批判として有効です。でも批判のあとに具体策があるかというと、ないことが多い。グッド・エイジング・エールズは、楽しく、まじめに、あなたの専門性を生かそう、具体策で語ろうという柱を立てています。議論は大事ですが、結局何をするかというのを生まないと社会が変わりません。批判する人も、その人ができることがあるはずです。

個人的なスタンスですが、議論しあうとか、批判しあうより、何か具体的にやるほうが好きです。いろいろな人が集まらないと解決できないという感覚です。個人としては批判に対しては具体策で答えることにしています。

ユーミン、清水ミチコ、MISIAに参加していただき大型チャリティライブを、東京レインボープライドとプライドハウス東京で主催しました。そうしたイベントをすると、「またお金集めだろ」と言われますが、べつに自分たちがもらうわけではありません。常設のプライドハウス東京を作るためには、家賃も光熱費も人件費も必要です。一方で、様々な規模が大きくなり、置いてきぼりに感じられると、自分事として捉えてもらえないこともあります。コミュニティの人たちが一緒に歌うとか、なるべく一緒に何かをやることは大事だと思い、企画したりもしています。溝を埋める、分断を超える。できるだけそういった場を作りたい。

あと、企業が入ることに対するアレルギーをもつ人がいますが、LGBTの話は基本、人権問題なので、そこは企業とも握手できる。そこを敵にしても仕方ない。「御社にいる社員のことですよ」と言うと、問題意識をもってくれます。昔とは企業と働き手、市民の関係が変わってきています。

企業のなかで当事者が自分らしく働けることが重要ですよね、とはいいます。結果的にそれが儲けにつながれば、それはそれでいい。ダイバーシティ、企業価値といっても、その部分だけを取り出すことはできません。そのベースには人権があるはずです。人権意識がない会社は生き抜けない時代です。人権研修のなかで、ＬＧＢＴを扱う企業もあります。たしかに、人権という言葉にアレルギーがある企業はまだたくさんあります。あえて人権という言葉を出すときもあります。とはいえ、研修の内容は変えません。

ただ、現状の批判は運動を進めるうえで不可欠だと思います。そうした批判的な言論活動をする研究者と協働することはお考えですか？

一橋の寄付講座はやっていますが、アカデミアとの共同実践はこれからですね。いまは、それをやる時間が十分にとれていません。何かそこに社会を変える鉱脈があればうれしいです。学会が何か出して、それが社会を変える手段になれば、ぜひ、そこに協力したいと思います。

社会を変えるというレベルですが、国や法律が変わらないというフラストレーションはあります。とても遅い。移民政策などもそうですね。でも、本丸である国に行けないなら、自治体というオプションを探すことだと思います。いずれにしても、術がないわけではないから、何かしらルートを探す。例えば、さっき話したように、SOGIハラという言葉を作ってはたらきかける。そうするとパワハラ法案に入って、付帯決議に載る。これは様々な人たちの地道な努力の結果です。議員に会うことも大事です。少しでも何かを変える。ゼロよりは○・一のほうがいい。法律を作ることの阻害要因になっている言説、疑問。例えば、「お父さん同士で育てたら子どもがかわいそう」という疑問があるなら、そうじゃないですよと証明していく、というのも一つの説得材料です。どうやったら議員が動くのか。メディアが取り上げるのか。その意味ではデータが大事になるのでしょうか。

批判に対しては具体策で、ということだから、そこに案があれば、こちらも一緒に何かできると思います。具体策がない批判ってなんだろうな、という気はします。対立していることについては、優先順位をつけるべきです。どう変えるかもアカデミアの領域だと思います。

インクルーシブな話をして、さてどうするかとなった場合、結局、何をやるの?という話になります。大事な課題であることはみんなわかっています。意識することは大事ですが、実現させようとすると、なかなか進まない。とにかく「どうやってやるのか」を考えて実現させることが大事だと思います。

移民、エスニックマイノリティ、生活保護者、障害者などの多様な主体と連携していくことについてはどうお考えですか?

大切だと思います。全部やるのは大変ですが、プライドハウス東京でまず始めているのは、インターセクショナル、移民、ＬＧＢＴとなると壮大すぎるので、子どもの多様性についてです。子どもの貧困、不登校、外国にルーツがある子、ＬＧＢＴ、いろいろやっている団体があって、現場としても動いています。不登校の子を掘り下げてみると、セクシュアルマイノリティの子だった、ということがあります。セクシュアルマイノリティの子向けにやっている居場所作り場に来て相談を受けると、親のＤＶ、貧困があったりします。まずは、そこはやろうと動いています。子どもの多様性として、集まる場を作るというのも具体策です。提言を作るのか、ロビーにするのか、そこは見えていません。それぞれが忙しい方ですが、その場はぜひ作りたいと思います。やることは山積しています。

注

（1）「ＬＧＢＴとよばれる、レズビアン、ゲイ、バイセクシュアル、トランスジェンダーを含むあらゆるセクシュアル・マイノリティの人たちが、自らのセクシュアリティに引け目を感じず、社会の偏見を越え、自分らしく伸びのびと、歳を重ねていく」こと、すべてのセクシャリティの人々が楽しく集える「場」を作ることを目指して設立されたＮＰＯ法人。代表を松中権が務めている。詳細は「グッド・エイジング・エールズ」（[http://goodagingyells.net]［二〇二〇年十一月九日アクセス］）参照のこと。

（2）オリンピック・パラリンピックをはじめとする国際スポーツ大会の開催時に、LGBTの人々はもちろん、セクシュアリティを問わずあらゆる人が安心して過ごせる場を提供するホスピタリティ施設のこと。意義や歴史は「プライドハウス東京」（[http://pridehouse.jp］［二〇二〇年十一月九日アクセス］）に詳しい。

（3）二〇一五年四月、一橋大学法科大学院でゲイであることを同級生からアウティング（暴露）された大学院生が心身に変調をきたし、校舎から転落死した事件。遺族が同級生と一橋大学を提訴したことで注目を浴びて、大学側の対応などに様々な批判が起こった。アウト・ジャパン「一橋大卒業生有志が学内にLGBTセンターを開設、アウティング事件をきっかけに」アウト・ジャパン（https://www.outjapan.co.jp/lgbtcolumn_news/news/2019/8/9.html）［二〇二〇年十一月九日アクセス］

（4）SOGIとは、恋愛感情や性的関心が向かう先を示す性的指向（Sexual Orientation）と、性別への自己認識を指す性自認（Gender Identity）の頭文字をとった用語。ソジハラとは、SOGIに関する差別や嫌がらせ（＝ハラスメント）のことを指す。奥野斐「LGBTらへの差別的な言動「ソジハラ」対策が始動」「東京新聞」二〇一九年七月九日付（https://www.tokyo-np.co.jp/article/12142）［二〇二〇年十一月九日アクセス］

［付記］本インタビューは、二〇一九年十二月十六日（月）に東京都内でおこなった。オリンピック・パラリンピック「Tokyo2020」は、新型コロナウイルス感染拡大のため、延期が二〇年三月三十日に発表された。プライドハウス東京コンソーシアムは、二一年以降に設立を目指していた常設の大型LGBTQセンターの計画を前倒しし、二〇年十月十一日に、東京都新宿区の

新宿御苑駅近くに「プライドハウス東京レガシー」を開設した。二一年九月五日までは、東京二〇二〇組織委員会の「公認プログラム」としても認定されている。

あとがき

岩渕功一

多様性／ダイバーシティ（正確に言えば、もともとは英語での diversity）という言葉に違和感をもったのは、オーストラリアに移り住んでからだ。多文化主義を標榜する社会で移住者として生きるなかで、その肯定的で調和的な響きにどこかしら胡散臭さを感じた。その正体を見定めたくて文化批判理論や多文化主義批判を読み進めるうちに、構造的な差別・不平等の問題に取り組むことなく、差異（difference）を都合よく消費し管理するという議論がオーストラリア社会での自らの経験と見事に重なり合い、我が意を得たりと膝を打った。しかしその後、反多文化主義・反移民の動きが台頭するなかで、多様性／ダイバーシティという言葉への違和感を真っ向から表すことは必ずしも得策でなくなり、かといって、日本を含め世界各地で高まりを見せる、企業や社会を活性化しイノベーションを生み出すのに有用だとして多様性／ダイバーシティを尊重し奨励しようとする議論の問題点については、きちっと批判をしなければならない。しかし、批判するのは否定的で実践的でないと旗色が悪くなっている。さて、どのような批判の作法で多様性／ダイバーシティと折り合いをつけようかとを考えながら関連文献を読んでいたところ、当時暮らしていたオーストラリアのメルボルンの日系銀行から「ダイバーシティ議論」について講演をしてほしいと依頼され、日本の文脈でこの問題についての考えを深めるいい機会になると思い快諾した。企業人相手に学術的議論はどうかと思いつつ、不可視にされている問題や視座を考えながら多様性／ダイバーシティ議論を批判的に捉え返すことの建設的な意義を伝えるように努めたのだが、（はたしてそのかいがあったのかは定かでないものの）予想以上に好意的に受け止められたことに驚き、励まされた。日本の大学で働く機会を再び得たこともあり、研究者にとどまらない読者に向けて、批判を土台にした多様性／ダイバーシティについての編著を出したいと思い企画したのが本書である。自分の第1章はさておき、執筆者によって作法は異なるが、独りよがりではない説得を目指したアツい批判的論考が出そろったと自負している。

これまで日英両言語で数多くの編著出版をしてきたが、本書の編集作業ではこれまで以上に多くを学ぶことができた。自分の関心は主に移民・エスニックマイノリティをめぐる排除や人種主義の問題だが、多様性について考えるのなら、いろいろな差異をめぐる差別・不平等について同時に考え、取り組む必要がある。企画意図に賛同して執筆を快諾してくれた（あるいは渋々受け入れた）様々な問題に取り組んでいる人たちと（多くの人は初めて）協働するなかで、当初の企画意図や構成案は建設的に壊されていった。それぞれの論考を読み、論点について意見を交わすなかで、これまでは見えていなかった多様性についての視点や問題点にハッとし、シビれた。いうまでもなく、最終的な全体の構成については編者である自分が全責任を負っているが、本当にたくさんのことを教えてくれた執筆者全員に深く感謝を申し上げたい。

コロナ禍は格差の拡大をあらわにするとともに、互いに思いやり、支え合うことの大切さをあらためて照らし出している。その可能性を伸ばして誰もが生きやすい社会を作っていくことに向けて、多様性の平等な包含をめぐる問題の取り組みはますます大きな意味をもつようになっていると思う。自分の力不足で、数多くの重要な問題や視点を本書では扱いきれていない。だが、その限界を真摯に受け止め、それを糧にして、今後も多様な出自や背景をもった人々の横断的な、あるいはインターセクショナルな対話・連帯の促進と、多くの市民を巻き込んでの学びの実践に向けて、いろいろな人々と言葉を交わして、ともに学び、考え、発信し続けていきたいと思う。もし本書を読んでその輪に加わりたいと思った方が一人でもいたなら、これほどうれしいことはない。

青弓社の編集者・矢野未知生さんとはこれまで『多文化社会の〈文化〉を問う――共生/コミュニティ/メディア』(二〇一〇年)と『〈ハーフ〉とは誰か――人種混淆・メディア表象・交渉実践』(二〇一四年)という編著書を一緒に出版してきたが、今回もすぐに企画に賛同してくれ、紆余曲折の編集作業も一貫して支え続けてくれた。心から感謝している。本書はなんと「青弓社ライブラリー」の記念すべき第百巻にあたるという僥倖に恵まれた。本書がそれに値する編著書になったと矢野さんをはじめとする青弓社の方々が思ってくれているなら幸甚である。

二〇二一年三月　春の気配漂う西宮にて

専攻は「不登校のその後」研究、社会学
著書に『「コミュ障」の社会学』（青土社）、『不登校は終わらない』（新曜社）、共著に『平成史［完全版］』（河出書房新社）など

清水晶子（しみず あきこ）
東京大学大学院総合文化研究科教授
専攻はフェミニズム、クィア理論
著書に *Lying Bodies* (Peter Lang Publishing)、共著に『愛の技法』『読むことのクィア』（ともに中央大学出版部）など

出口真紀子（でぐち まきこ）
上智大学外国語学部英語学科教授
専攻は文化心理学
共著に『北米研究入門2』、監訳書にダイアン・J・グッドマン『真のダイバーシティをめざして』（ともに上智大学出版）、共訳書にアリシア・ガーザ『世界を動かす変革の力』（明石書店）など

小ヶ谷千穂（おがや ちほ）
フェリス女学院大学文学部教授
専攻は国際社会学、国際移動論
著書に『移動を生きる』（有信堂高文社）、共編著に『国際社会学』（有斐閣）、共著に『家事労働の国際社会学』（人文書院）など

村田麻里子（むらた まりこ）
関西大学社会学部教授
専攻はメディア論、ミュージアム研究
著書に『思想としてのミュージアム』（人文書院）、共著論文に「21世紀のミュージアムと多文化共生」（「博物館学雑誌」第43巻第2号）など

松中 権（まつなか ごん）
認定NPO法人グッド・エイジング・エールズ代表
2013年、アメリカ国務省主催の「International Visitor Leadership Program」の研修生に選出され、全米各所でLGBT関連の活動団体や政府系機関のリサーチを実施。一般社団法人「Marriage For All Japan」の理事も務めている。16年、第7回若者力大賞「ユースリーダー賞」受賞。17年、16年間勤めた電通を退社。LGBTと社会をつなぐ場づくりを中心としたこれまでの活動に加え、20年を起点にしたプロジェクト「プライドハウス東京」などに取り組む

［著者略歴］
＊以下、掲載順

新ヶ江章友（しんがえ あきとも）
大阪公立大学大学院都市経営研究科／人権問題研究センター教授
専攻は文化人類学
著書に『日本の「ゲイ」とエイズ』（青弓社）、『クィア・アクティビズム』（花伝社）など

塩原良和（しおばら よしかず）
慶應義塾大学法学部教授
専攻は社会学、移民・多文化主義研究
著書に『分断するコミュニティ』（法政大学出版局）、『分断と対話の社会学』（慶應義塾大学出版会）、編著に *Cultural and Social Division in Contemporary Japan* (Routledge) など

髙谷 幸（たかや さち）
東京大学大学院人文社会系研究科准教授
専攻は社会学、移民研究
著書に『追放と抵抗のポリティクス』（ナカニシヤ出版）、共著に『移民政策とは何か』（人文書院）、論文に「現代日本における移住女性の配置の変容と社会的再生産の困難」（「思想」2020年4月号）など

河合優子（かわい ゆうこ）
立教大学異文化コミュニケーション学部教授
専攻は異文化コミュニケーション研究
著書に *A Transnational Critique of Japaneseness* (Lexington Books)、編著に『交錯する多文化社会』（ナカニシヤ出版）など

林 香里（はやし かおり）
東京大学大学院情報学環教授、Beyond AI 研究推進機構「AI と社会」部門 B'AI プロジェクトリーダー
専攻はジャーナリズム、マスメディア研究
著書に『メディア不信』『〈オンナ・コドモ〉のジャーナリズム』（ともに岩波書店）、編著に『足をどかしてくれませんか。』（亜紀書房）など

貴戸理恵（きど りえ）
関西学院大学社会学部教授